2014—2015
国家麻类产业技术发展报告

● 熊和平 等 著

中国农业科学技术出版社

图书在版编目（CIP）数据

国家麻类产业技术发展报告. 2014—2015 / 熊和平等著. —北京：中国农业科学技术出版社，2016.12
ISBN 978-7-5116-2884-8

Ⅰ. ①国… Ⅱ. ①熊… Ⅲ. ①麻类作物 - 种植业 - 经济发展 - 研究报告 - 中国 - 2014—2015 Ⅳ. ①F326.12

中国版本图书馆 CIP 数据核字（2016）第 305758 号

责任编辑　崔改泵
责任校对　杨丁庆

出 版 者	中国农业科学技术出版社
	北京市中关村南大街 12 号　邮编：100081
电　　话	（010）82109194（编辑室）　（010）82109702（发行部）
	（010）82109709（读者服务部）
传　　真	（010）82106650
网　　址	http://www.castp.cn
经 销 者	各地新华书店
印 刷 者	北京富泰印刷有限责任公司
开　　本	880 mm×1 230 mm　1/16
印　　张	9
字　　数	196 千字
版　　次	2016 年 12 月第 1 版　2016 年 12 月第 1 次印刷
定　　价	80.00 元

▂▃▅ 版权所有·翻印必究 ▅▃▂

编 委 会

主　　任　熊和平

副 主 任　陈继康　唐守伟

编　　委　(按"十二五"国家麻类产业技术体系岗位排序)

粟建光　熊和平　周文钊　臧巩固　杨　明　方平平
李德芳　关凤芝　薛召东　陈绵才　张德咏　柏连阳
唐守伟　王玉富　刘飞虎　周瑞阳　易克贤　黄道友
彭定祥　崔国贤　龙超海　李显旺　王朝云　刘正初
郁崇文　彭源德　陈　收　康红梅　凤　桐　吴广文
李泽宇　金关荣　杨　龙　洪建基　潘其辉　潘兹亮
熊常财　朱爱国　庹年初　黄　标　李初英　王春田
周光凡　魏　刚　孙　涛　朱　炫　张　正

著作人员　熊和平　陈继康　唐守伟　杨宏林　欧阳西荣　温　岚

审稿人员　熊和平　张德咏　彭定祥　王朝云　刘正初　陈　收
周文钊　杨　明　李德芳　关凤芝　魏　刚　潘兹亮
唐守伟　黄道友　崔国贤　彭源德

校　　对　朱涛涛

目　录

第一章　麻类生产与贸易 …………………………………………………………（1）
　　一　国际麻类生产与贸易 …………………………………………………………（1）
　　二　国内麻类生产与贸易 …………………………………………………………（2）

第二章　麻类产业技术研发进展 …………………………………………………（15）
　　一　国际麻类产业技术研发进展 …………………………………………………（15）
　　二　我国麻类产业技术研发进展 …………………………………………………（17）

第三章　我国麻类产业发展的主要问题 …………………………………………（39）
　　一　麻类产业链的主要问题 ………………………………………………………（39）
　　二　麻类产业技术的主要问题 ……………………………………………………（41）
　　三　麻类产业政策的主要问题 ……………………………………………………（43）

第四章　我国麻类产业发展趋势与建议 …………………………………………（46）
　　一　麻类产业的发展特征与趋势 …………………………………………………（46）
　　二　麻类贸易救济底线及措施 ……………………………………………………（49）
　　三　我国现代麻业构建对策 ………………………………………………………（50）
　　四　我国麻类产业发展政策建议 …………………………………………………（57）

第五章　我国麻类产业发展咨询专题报告 ………………………………………（59）
　　关于制定和完善耕地污染修复治理相关法律法规的建议 ……………………（59）
　　欧洲麻类产业现状与经验借鉴 ……………………………………………………（63）
　　推进苎麻副产物基质化为发展湖南省食用菌产业提供原料 …………………（67）
　　关于在重金属污染耕地发展麻类作物种植与多用途技术的建议 ……………（70）

利用苎麻高蛋白特性发展湖南省草食动物养殖 …………………………………………………（72）
变革脱胶模式　推动苎麻生产 ……………………………………………………………（76）
关于加快苎麻青贮饲料基地化生产的建议 …………………………………………………（78）
关于在罗霄山特困连片区推行农业产业链扶贫的建议 ……………………………………（80）
关于弘扬农耕文化　建立湖南省苎麻博物馆的建议 ………………………………………（83）

附录 ……………………………………………………………………………………………（85）
国家麻类产业技术体系"十二五"主要成果 ……………………………………………（85）
　一　成果与奖励 ……………………………………………………………………………（85）
　二　新品种 …………………………………………………………………………………（90）
　三　专利与新产品 …………………………………………………………………………（96）
　三　标准规程 ………………………………………………………………………………（102）
　四　论文专著 ………………………………………………………………………………（103）

第一章　麻类生产与贸易

一　国际麻类生产与贸易

(一) 麻类作物种植面积和产量稳步发展

世界麻类作物种植面积和产量增加。根据联合国粮农组织统计，2013年麻类种植面积2 600万亩（15亩＝1公顷；1亩≈667平方米。全书同），纤维产量达到372万t，与上年持平。主要种植国家为印度、孟加拉国、中国、巴西、法国和缅甸等国。其中，印度和孟加拉国以种植黄/红麻为主，种植面积、纤维产量分别为1 200万亩、191万t和1 050万亩、145万t；巴西主要种植剑麻，面积和纤维产量分别达到372万亩和8.9万t；法国是优质亚麻生产国，面积和纤维产量分别达到80万亩和21.6万t。缅甸是近年麻类种植规模较大的国家，主要种植红麻、苎麻等，面积和纤维产量分别达到27万亩和1.8万t。近年气候特征对主产麻区均带来有利影响。孟加拉国黄/红麻种植面积比上年度增加1.03%。

近年来，国内麻类种植面积不断下降，2013年种植面积为138万亩，2014年为129.57万亩，而到2015年种植面积则为121.89万亩。而黑龙江省近年来种麻面积提升明显，2015年黑龙江省种麻面积为4.55万亩，其中，亚麻2.12万亩，大麻2.43万亩。全省种麻大户共计48家，分布在黑河、牡丹江、加格达奇、绥化等10余个地区。2015年亚麻、大麻产量解决了全省纺织企业15%的原料需求。亚麻这一传统特色产业，正在从种植产业链源头稳步发展，成为助推我国亚麻产业健康、持续发展的重要力量。

苎麻生产仍以我国占主导地位，近年菲律宾和老挝等国家有少量种植。虽然苎麻种植面积大幅下滑，而加工量仍达到10万t，年耗原麻7万t，维持在较高水平。然而，苎麻种植面积下降，库存原料长期消耗，导致企业无麻可纺的问题越来越突出。

剑麻产业结构稳定,以巴西种植为主,国际主产国的格局没有显著变化。

(二)内需市场扩大,贸易量持续大幅提升

据测算,麻纺内需市场份额由2010年的20%提升到2014年的30%。海关统计表明,2010—2015年,我国麻类纤维、纺织及制品(不含麻类服装)出口金额以年均17.58%的增速上升,2015年达到19.14亿美元,其中,麻纱线出口4.16万t,同比提高4.25%;麻织物出口3.38亿m,同比提高1.54%;麻制品出口累计金额3.46亿美元,同比下降4.97%。

国际亚麻出口总量实现了连续4年较大幅度提升,由2011/2012年度的不足40万t提升到目前的70万t以上,较2014年度增长10万t。中国成为世界第一大亚麻产品出口国,出口量约为美国和欧洲的总和。2015年1—10月我国累计生产苎麻布4.40亿m,同比增长11.45%,亚麻布2.43亿m,同比下降22.33%;麻纺织行业累计出口总额33.78亿美元,同比增长19.04%。1—5月,全国287家规模以上麻纺织企业主营业务收入累计210.12亿元,同比增长10.15%,累计实现利润总额11.05亿元,同比增长18.49%。

从这些数据可以看出,一是我国的含麻服装越来越受国外市场欢迎,二是麻纺织初中级产品的出口增幅一般,而终端产品的出口增幅较大,也说明国际市场对我国麻纺织终端产品的认可程度正在逐步变高。

(三)多用途成为国际研究和产业发展热点

国际上对亚麻、大麻、剑麻的研究较为深入,目前已将这些作物的育种目标集中在亚麻籽用的品质与产量提高、工业大麻高CBD含量等方面,配套的机械也相应进行了调整。例如,波兰天然纤维和药用植物研究所开发的KR型拖拉机牵引式大麻收割机,能同时收获、分离大麻的茎秆和果穗;荷兰HempFlax公司开发了一种"双切割系统"机械用以收获大麻花叶。麻类纤维在复合材料中的应用研究非常活跃,并形成多个系列产品。我国麻类产业技术体系重点在饲料化、生物活性物质提取、新型复合材料、可降解麻纤维膜等方面开展了大量工作,并取得重要进展。

二 国内麻类生产与贸易

(一)我国麻类产业原料生产格局

1. 我国麻类作物生产布局

我国麻类作物分布广,南起海南省三亚市,北至黑龙江省大兴安岭,具有较强的地域

性。长江流域的苎麻、东北地区的亚麻、黄淮流域的红麻、雷州半岛和海南省的剑麻，已初步形成规模。我国麻类主要是苎麻、亚麻、黄/红麻、大麻等种类，每个种类具体的生产布局如表1-1所示。

表1-1 我国主要麻类作物分布区域

类别	主要种植地区	其他分布地区
苎麻	湖南、四川、湖北、重庆、江西	安徽、贵州、广西、云南、河南、浙江、江苏、福建、广东
亚麻	新疆、黑龙江、云南	安徽、贵州、广西、云南、河南、浙江、江苏、福建、广东
黄/红麻	河南、广西、安徽	贵州、湖南、内蒙古、辽宁、吉林
大麻	安徽、云南	河北、陕西、山西、内蒙古、吉林、黑龙江、山东、河南、甘肃
剑麻	广东、广西	海南、云南

资料来源：农业部；注：表内"广西""新疆""内蒙古"均为简称，全书同

麻类种植面积企稳回升，麻农种植积极性有所提高。我国麻类种植业在经历了多年的低迷之后，种植面积在2014/2015年出现了企稳回升的有利势头。2014年国内麻类种植、加工和贸易继续呈现复苏态势。2015年黑龙江省亚麻种植面积突破2万亩，达到该省21世纪以来的最高点。湖北、湖南等省份苎麻原麻价格较大幅度上涨到12元/kg，并且饲料用苎麻种植面积逐步扩大。麻类种植面积的增长主要是由于原麻价格的上涨带动了麻农种植积极性的提高。随着高产优质麻类品种的推广，麻类种植面积将保持稳步回升的态势。

据中国麻纺行业协会估算，2014年全国麻纺织规模以上企业累计实现主营业务收入500亿元及以上，出口麻纺织制品和服装等250亿美元及以上，扩大内需市场份额比2013年提高6%及以上，实现利润总额30亿元及以上，实现固定资产投资120亿元及以上。

麻类产业的市场格局得到优化，产区布局变化明显。在麻纺生产方面，2015年1—10月国内累计生产苎麻布4.40亿m，同比增长11.45%，亚麻布2.43亿m，同比下降22.33%，这是苎麻内销增大、亚麻出口加强的表现。亚麻布生产区域布局发生明显变化，其中，内蒙古、江苏、湖北和云南有较大的增长，江苏省成为最大生产地，湖南、安徽等地大幅下降。

2. 我国麻类作物生产结构

从栽培面积和产量等因素来看，近年来，我国麻类作物生产结构发生了一些变化（表1-2）。麻类种植面积整体呈下降趋势。亚麻的种植面积下降尤为明显，面积比重从2005年的47.1%降至2015年的3.61%，产量比重从62.87%降至不足5.93%。苎麻为我国种植面积最大的麻类作物，至2015年，面积和产量比重均占全国的2/3左右。黄/红麻尽管

面积和产量不断下降，但在整个麻类作物中比重呈上升趋势，面积比重从不足9.26%升至16.54%，产量比重从7.49%升至25.14%；大麻的面积比重从3.29%升至7.99%，产量比重从3.74%升至5.93%。

表1-2　2005—2015年中国麻类种植面积　　　　　　　　　　（单位：万亩）

	麻类	黄/红麻	苎麻	工业大麻	亚麻
2005年	502.20	46.50	198.00	16.50	236.55
2006年	424.50	46.65	212.70	28.65	130.20
2007年	394.80	50.10	214.20	26.70	100.05
2008年	331.50	39.00	189.15	17.70	85.05
2009年	239.24	35.97	164.76	8.88	26.58
2010年	199.05	28.20	146.40	7.65	13.05
2011年	177.44	28.94	126.01	8.57	9.13
2012年	151.83	26.34	103.53	7.92	10.35
2013年	138.00	25.50	94.20	9.83	7.07
2014年	129.57	21.63	89.18	11.52	4.59
2015年	121.89	20.16	83.57	9.74	4.40

数据来源：农业部

（二）我国主要麻类产品市场开发情况

1. 麻类纤维的特性

麻纤维作为一种天然的植物纤维，从古至今都被人们广泛利用，通常人们把从麻类植物中所提取的各类纤维统称为麻纤维。它的主要特点是吸湿透气性好、抗菌抑菌、防噪声、抗紫外线、抗静电等。究其产生这些特点的原因，主要是由于麻纤维中空的内部结构、横截面的不规则性、带有一定量的木质素等。随着人们环保意识的增强以及对麻纤维研究的深入，人们对麻纤维的利用也越来越重视，新的技术成果和新产品不断涌现。尽管目前麻类纤维仍然主要用于纺织，但是其在汽车工业、农业、民用建筑、医疗卫生、日常用品等非织造领域的应用也日益广泛。

2. 麻类纤维纺织应用与开发

自古以来人们都崇尚自然，如今人们越来越重视对自然环境的保护，当下纺织产品都朝着绿色环保的方向发展。随着科技的日新月异，人们的消费观念也发生了很大的变化，穿着舒适不再是人们挑选服装的唯一参考标准，人们开始注重服装的保健功能。穿着麻类纺织品不仅舒适、绿色环保，而且还具有保健功能。因而，麻纤维产品的发展呈现广阔的前景。

3. 麻类纤维非织造领域应用与开发

近年来，在回归自然、崇尚天然的消费市场形势下，麻纤维生产加工技术有了飞跃式的发展。人们对麻纤维优良性能的认识不断加深，开发出了越来越多的麻纤维产品。这些麻纤维产品常常出现在日常生活中。国内外的一些非纺织行业越来越关注和重视麻纤维产品的生产发展。目前，麻纤维品种十分丰富，不局限于纺织行业，利用麻纤维所生产的非织造产品的应用领域也十分广泛。这些产品不仅环保耐用，而且还能带来显著的社会及经济效益。

（1）汽车内饰材料

我国较多地采用亚麻和黄麻来生产汽车衬垫和内饰板。化学纤维燃烧时会放出大量的有害气体，不仅污染环境，而且对人的身体健康会产生一定程度上的伤害；并且它在车内燃烧时常常难以被扑灭而引发火灾。因此，在使用化学纤维材料时需要具有安全防范意识与防范措施。但是，利用麻纤维代替化学纤维所生产加工的车用产品如汽车窗帘、车用地毯等，不仅绿色环保，而且更加安全。相较于化学纤维车用产品，麻纤维车用产品在火灾发生时能够给人更多的时间逃跑、求生。

（2）农用膜

当前，世界各国都强调绿色发展和生态发展，从长远着想不再以牺牲环境为代价来发展经济。由于植物纤维所生产加工的产品在废弃后能够在土壤中自动降解而不会对环境产生危害，因此这些产品越来越受到人们的青睐。在农田地膜中，麻地膜的应用就是一个非常成功的例子。麻地膜不仅具有拉力好、透光性强的特点，还能够满足地膜强度的要求。利用非织造布工艺来对麻纤维原料进行生产加工所生产的麻地膜质优价廉，生产成本低。麻地膜能够在一定时间内降解，不会对环境产生危害，因而麻地膜的市场前景可观。目前，中国农业科学院麻类研究所研发的可降解麻地膜、麻育秧膜等产品在大棚蔬菜覆盖栽培、水稻机插育秧中的应用得以大规模推广，产生了显著效益。安徽铜陵苎麻纺织厂与东华大学合作开发的麻地膜密度非常小，仅 $30\sim60 g/m^2$，主要是以苎麻下脚料为原料，利用非织造布技术进行生产。麻纤维地膜具有环保的功能，麻纤维地膜的开发、应用和推广对我国研究开发植物纤维地膜和发展可持续农业具有十分重要的意义。

（3）复合基材

信息、能源和材料并称为现代高科技的三大支柱，其中，材料是国民经济的基础，也是社会发展的先导。随着科学技术的进步，人们生活水平的提高以及消费观念的转变，在人们的日常生活中及生产加工中对材料的需求日益增加。在一些工业生产中，不论是作为结构材料还是非结构材料，天然纤维的使用都较为常见且占有一定的比重。相较于无机纤维，麻纤维作为天然纤维中的一种，它的密度比无机纤维小，但是回复性较无机纤维更大，而麻纤维的拉伸强度与弹性模量与无机纤维相当，因而以麻纤维为原料的复合材料可以用来代替玻璃纤维，这在一定程度上节省了工程用料，节约了资源，对保护环境与节约资源十分重要。

（4）家庭用品

黄麻纤维的特点是粗硬，断裂强度十分高，而且相当耐磨，此外，热绝缘性能好，因此针刺地毯的底布常用黄麻纤维为原料来进行生产加工。另外，供出口用的地毯，大都以剑麻为原料，在欧美等发达国家相当流行，有取代当地以化学纤维为原料的地毯的态势，深受当地人们的喜爱。

利用麻纺过程中的回丝、短纤维，通过针刺制作而成的黄麻非织造针刺毡可用于软体家具的内填充垫料。该产品结构简单、造价低廉，与传统的软体家具填充料相比，具有强度高、耐磨、吸湿性好、无静电和毒副作用等优点。

除上述几个领域外，麻类纤维在医药卫生用品、吸液吸油垫材、土工布、隔音或防震板材、食品、化妆品、配方饲料等众多生产领域都得到了广泛应用。

（三）我国麻类进口贸易状况

1. 我国麻类进口贸易概况

随着我国麻类种植面积的萎缩，原料问题一直是困扰麻纺织企业的一个大问题，目前，中国亚麻原料90%靠进口，黄/红麻原料70%以上靠进口。亚麻和黄/红麻也是我国麻类产品主要进口构成，具体表现为麻原料及织物进口迅速攀升，总体体量仍然较小。

据中国纺织工业联合会统计中心数据显示，2015年，全国累计进口麻原料6.93亿美元，其中，亚麻织物累计进口4.39亿美元，同比上涨0.38%，黄麻织物累计进口0.15亿美元，同比下降18.32%；进口麻制品累计金额0.18亿美元，但较2014年，同比增幅高达64.01%。国内麻类制品的需求量和加工能力持续增大。

据海关统计，2010年累计进口亚麻纤维及短纤14.22万t，2011年为14.43万t，2012年为9.96万t，2013年为14.07万t，2014年为16.65万t，2015年为18.40万t。除2012年外，亚麻原料进口量基本稳定在14万t以上，主要从法国、比利时和荷兰等国进口；2010年累计进口黄麻纤维及短纤10.41万t，2011年为10.96万t，2012年为10.06万t，2013年为6.05万t，2014年为3.37万t，2015年为2.38万t。2013年之前，黄麻原料进口量基本稳定在10万t左右，其中，90%以上从孟加拉国进口。而在2013年之后黄麻原料进口量逐年下降。

我国麻类纤维及其制品的进口，也包括亚麻、黄麻、苎麻、剑麻、大麻和其他麻类纤维及其制品。根据中国海关提供的数据统计，2014年1—11月我国麻类商品进口量为

424 742.866t，支出 66 004.88 万美元（表 1-3）。

表 1-3 2014 年 1—11 月我国主要麻类进口产品统计情况

种类		进口数量（t）	金额（万美元）	平均价格（万美元/t）
苎麻类	合计	1 141.18	258.11	0.226
	苎麻原料	18.44	0.77	0.042
	苎麻制品	1 122.74	257.34	0.229
亚麻类	合计	185 540.00	49 477.61	0.267
	亚麻原料	153 249.73	40 181.60	0.262
	亚麻油	14 529.79	2 430.21	0.167
	亚麻制品	17 760.48	6 865.80	0.387
大麻类	合计	12.89	10.17	0.789
	大麻原料	2.40	1.67	0.697
	大麻制品	10.49	8.50	0.810
黄麻类	合计	201 230.94	10 029.04	0.050
	黄麻原料	30 445.98	1 663.48	0.055
	黄麻制品	170 784.97	8 365.57	0.049
剑麻类	合计	35 225.69	4 922.44	0.140
	剑麻原料	35 183.22	4 904.15	0.139
	剑麻制品	42.47	18.29	0.431

数据来源：中国海关

进口数量最多的麻类纤维及其制品是黄麻为 201 230.9t，占到麻类进口总数量的 47%；亚麻为 185 548t，占到麻类进口总数量的 44%；其他麻类（亚麻、苎麻、黄麻、剑麻和大麻之外的其他麻类产品）进口量为 35 941.87t，占到麻类进口总数量的 9%；苎麻进口量为 1 966.725t，占到麻类进口总数量 0.5%；进口剑麻 42.473t，进口数量最少的是大麻，为 12.889t，这两种麻类产品占麻类总进口量的比例很小。

进口金额最多的麻类纤维及其制品是亚麻为 49 561.726 4 万美元，占到麻类进口总金额的 75%；黄麻为 10 029.042 万美元，占到麻类进口总金额的 15%；其他麻类（亚麻、苎麻、黄麻、剑麻和大麻之外的其他麻类产物）进口金额为 5 526.848 5 万美元，占到麻类进口总金额的 9%；苎麻为 858.797 3 万美元，占到麻类进口金额 1%；剑麻为 18.293 7 万美元，金额最少的大麻为 10.171 6 万美元，这两种麻类产品占麻类总进口金额的比例非常小，不足 0.05%。

2014 年麻类进口产品在价格方面大部分也呈现出上升的趋势。截至 11 月，我国进口亚麻原料较往年进一步增长；苎麻、剑麻进口也有小幅度增长；而黄麻进口中生皮或沤制黄麻出现了较大幅度的下降，但黄麻半成品仍有较大的增长；大麻进口较少，且进一步萎缩。其中，亚麻打成麻价格同比上涨了16.65%（以人民币计价），生皮或沤制黄麻价格同比上涨8.35%（以人民币计价），生皮或经沤制的大麻价格同比上涨达到了261.38%（以人民币计价）。

2. 进口来源国及其价格分析

（1）亚麻

在亚麻类进口商品中，破开或打成的亚麻数量为122 655.554t，占到进口亚麻总数量的66%，总进口金额为36 159.35万美元，占到进口总金额的73%。

亚麻二粗和打成麻主要进口来源国：法国85 709.782t，占到进口总数的70%；比利时24 685.67t，占到进口总数量的20%；荷兰7 796.431t，占到进口总数的6%。从这3个国家进口的亚麻二粗和打成麻占到总进口数量的96%。

从亚麻二粗和打成麻主要进口国价格分布可以看出荷兰的价格是最低的，为7.9408万元/t，次低是俄罗斯，该国出口到中国的价格为9.5274万元/t，但是我国从这两个国家进口的该种麻类产品的数量较少；而法国出口到中国的这一麻类产品的价格则最高为18.5283万元/t，但是中国从该国进口的麻类产品的数量最多。因此，在保证该麻类产品质量的前提下，综合考虑成本、产量等因素，可以适当从该麻类产品价格低廉的国家进口，以节约成本。

（2）黄麻

在黄麻类进口商品中，黄麻及其他纺织用韧皮纤维单纱数量为82 758.703t，占到进口黄麻总数量的41%，总进口金额为5 701.86万美元，占到进口总金额的57%。

黄麻及其他纺织用韧皮纤维单纱这一品种主要进口国：孟加拉国82 727.983t，占到进口总数的99.96%；印度11.33t，占到进口总数量的0.014%；日本15.72t，占到进口总数的0.019%；其他国家和地区3.67t，占到进口总数量0.007%。

从黄麻及其他纺织用韧皮纤维单纱这一品种主要进口国价格分布可以看出孟加拉国的价格最低，为4.2252万元/t；次低是印度，该国出口到中国价格为8.0045万元/t。从孟加拉国进口的黄麻及其他纺织用韧皮纤维单纱占到该麻类进口总数量的99.96%，孟加拉国出口到中国的该麻类产品价格也最低。

（3）剑麻

巴西、肯尼亚、坦桑尼亚等国种植面积较稳定，但管理粗放，单位面积产量不高。2007年以来，受全球经济形势影响，世界剑麻贸易量大幅度降低，至2012年才开始回转。全球剑麻进口单价从2007年的69.9万美元/t，增长至2014年的189万美元/t，平均年增长率达到11.68%。尤其是自2011年开始，随着剑麻出口量的急剧减少，进口价格增长迅速。

我国自 2007 年开始，剑麻进口量也随之大幅度降低。为应对剑麻供不应求的问题，以国家麻类产业技术体系为代表的科技创新与转化组织等大力发展国内剑麻种植，取得了较好的成效，尤其表现在单位面积产量的提高方面。2010 年我国剑麻种植面积约为 4.14 万 hm^2，至 2013 年下降至 3.16 万 hm^2，而产量从 7.32 万 t/hm^2 提高到了 10.99 万 t/hm^2。我国近年来剑麻产业发展态势较好，对原料进口的依赖度降低。据海关统计，2013 年，中国进口剑麻相关原料 3.32 万 t、进口金额 4 047.02 万美元，同比分别增长 3.41% 和 7.86%。2014 年中国进口剑麻相关原料 3.98 万 t，金额约 5 600 万美元。

值得一提的是，在剑麻类商品进口中，特用剑麻纤维制线绳索缆的贸易量增大，且单价差异很大。进口量达到 42.43t，总金额 18.14 万美元，其中，主要进口来源国：德国占 69%，韩国占 29%。单价则从 0.82 万～36.92 万元/t 不等。我国需要加大对该类产品的研发力度。

（四）我国麻类出口贸易状况

1. 麻纺出口稳步提升

麻制品成为麻纺出口的新兴拉动力量，含麻服装出口持续增长。据海关统计，2015 年，全国麻类纤维及麻制品累计出口总额 19.14 亿美元，同比增长 3.39%。麻织造出口交货值稳定增长，其中，麻纱线、麻织物累计出口数量同比增长分别为 4.25%、1.54%，麻纱线、麻织物、麻制品出口金额同比增长分别为 2.83%、6.32%、-4.97%。可见，麻织物与麻纱线两大主要出口产品实现平稳增长，而麻制品在 2014 年出口金额中快速上升之后，开始后劲不足。

2. 麻纺产品认可度提高

分析认为，印度、孟加拉国和越南等国劳动力成本优势日益凸显，吸引了更多麻纺织服装、家纺等终端加工企业进入，这些国家对我国麻纱线和麻织物需求稳定，是我国麻类出口稳步提升的主要原因。国际市场对我国麻纺织终端产品的认可程度正在逐步提高。已有部分民营企业开始进军国际市场，如浙江金达控股通过在埃塞俄比亚新建亚麻工业园、新申亚麻通过打造国际品牌等方式增强我国麻类产业竞争力。2014 年麻纺织原料、纱线、织物和制品累计出口金额 18.51 亿美元，同比提高 20.97%。其中，麻纱线出口 3.99 万 t，同比提高 6.58%；麻织物出口 3.33 亿 m，同比提高 7.31%。麻制品出口累计金额 3.64 亿美元，同比提高 48.6%。而到 2015 年，麻纺织原料、纱线、织物和制品累计出口金额 19.14 亿美元，同比提高 3.39%。其中，麻纱线出口 4.16 万 t，同比提高 4.25%；麻织物出口 3.85 亿 m，同比提高 1.54%。麻制品出口累计金额 3.46 亿美元，同比下降 4.97%。由此可见，近年来麻纺织初中级产品的出口增幅一般，而终端产品的出口在 2014 年增幅较大,说明了我国麻纺产品的竞争力与认可度得到了提升。

(五) 我国麻类产业主要变化

2014年我国麻纺织行业发展速度快于往年,并与周边不同国家的产业战略协同发展,麻纺织经济运行总体平稳,稳中有进。行业产销增速加大,运行质量改善,经济效益大幅提高,与2013年调研的企业所反馈的数据相比较,2014年麻纺织进出口贸易增长幅度较大,麻价格快速增长,生产投入比率增长较快,对我国经济的发展产生了一定的影响。

1. 麻类产品生产运行平稳

根据国家统计局公布的数据,2014年,麻类相关行业的固定资产投资较2013年出现负增长。主要麻类大类产品的生产状况比较稳定,亚麻布与苎麻布的生产逐步回暖。其中在亚麻布生产方面,根据中国统计局跟踪的相关数据得知,在2014年,54家亚麻企业累计生产亚麻布(含亚麻≥55%)4.61亿m,与2013年相比增长13.69%。江苏省是我国亚麻(布)产量最大的省份,累计生产2.13亿m,也就是说全国约有46.15%亚麻及亚麻布为江苏所产。在苎麻布制造方面,根据跟踪的38家规模以上企业所反馈的数据可知,所跟踪的企业在2014年累计生产苎麻及苎麻布(含苎麻≥55%)为5.04亿m,比2013年下降10.75%。江西省是我国苎麻生产加工最大的省份,生产苎麻布达到3.29亿m,全国苎麻约有65.33%为江西所产(表1-4)。

表1-4 2014年4—12月麻纺织主要大类产品生产情况

月份	亚麻布(含亚麻≥55%)			苎麻布(含苎麻≥55%)		
	当月产量(亿m)	当月累计产量(亿m)	累计同比增长(%)	当月产量(亿m)	当月累计产量(亿m)	累计同比增长(%)
4月	0.43	1.42	14.18	0.27	1.11	-4.98
5月	0.41	1.82	16.48	0.36	1.47	-6.11
6月	0.43	2.26	16.33	0.43	1.90	-8.72
7月	0.43	2.69	18.01	0.47	2.34	-9.55
8月	0.37	3.06	17.01	0.47	2.84	-7.25
9月	0.38	3.44	16.06	0.50	3.33	-7.73
10月	0.38	3.82	15.85	0.54	3.89	-6.47
11月	0.41	4.22	14.2	0.57	4.47	-12.15
12月	0.39	4.61	13.69	0.57	5.04	-10.75

数据来源:国家统计局

所研究的58家规模以上麻类生产企业在2015年1—10月累计生产亚麻布(含亚麻≥55%)达到24 274万m,累计同比降低22.33%,增长速度稳定。江苏省是我国亚麻

（布）产量最大的省份，江苏省在2015年1—10月累计生产产量约占全国亚麻布生产比重52.48%，达到了11 165万m，累计同比增加5.15%，这一增长速度远大于国内-22.33%的平均增长速度。对所研究的38家规模以上苎麻生产企业的苎麻产量进行调查发现，这些企业在2015年1—10月累计生产苎麻布（含苎麻≥55%）44 042万m，较2014年同期增加11.45%。苎麻布（含苎麻≥55%）产量最大的省份是江西省，湖南省次之。江西省2015年1—10月苎麻布（含苎麻≥55%），累计生产27 033万m，同比增加4.68%，增长速度小于全国平均增速，而湖南省2015年1—10月的苎麻产量为11 956万m，较2014年同期增加21.03%，约为全国平均增长速度的两倍（表1-5）。

表1-5 2015年1—10月麻纺织大类产品生产情况

区域	亚麻布（含亚麻≥55%）		区域	苎麻布（含苎麻≥55%）	
	当月止累计（万m）	同比（%）		当月止累计（万m）	同比（%）
全国	24 274	-22.33	全国	44 042	11.45
江苏省	11 165	5.15	江西省	27 033	4.68
黑龙江省	5 104	-3.6	湖南省	11 956	21.03

数据来源：国家统计局

2. 固定资产投资增长较快

通过对从国家统计局所获得的相关数据整理可得，2015年1—3月，全国纺织工业实际完成投资总额为1 784.88亿元，施工项目为6 649个，其中，新开工的项目个数为3 356个，实际完成投资额同比增长15.42%，新开工项目个数较2014年同期增加10.36%，施工项目个数较2014年同期下降2.98%。其中，纺织行业中的麻纺织行业在2015年第一季度完成投资额累计达到17.92亿元，同比下降0.93%，其中，麻纤维纺前加工和纺纱的投资仅为7.27亿元，同比下降36.02%（表1-6）。

表1-6 2015年1—3月规模以上麻纺行业固定资产投资情况（不含农户）

类型	实际完成投资		施工项目		新开工项目	
	投资量（亿元）	同比增长（%）	项目数（个）	同比增长（%）	项目数（个）	同比增长（%）
全国纺织行业总计	1 784.88	15.42	6 649	-2.98	3 356	10.36
麻纺织行业	17.92	-0.93				
麻纤维纺前加工和纺纱	7.27	-36.02				

数据来源：国家统计局

目前相当一部分的棉纺织企业正在将麻原料加入到纺织品的生产加工中，以开发出新型的棉麻混合纺织品,从而达到战略转型的目的。根据有关资料统计,含麻量小于30%的麻质服装较其他麻质服装的销量增长更快。

3. 麻原料进口增长较平稳

根据国家统计局的相关资料显示,2015年,麻纺织行业出口贸易总额为19.14亿美元,比2014年增长3.39%,进口总额8.77亿美元,较2014年降低2.63%。

2015年在麻类产品进口方面,除去麻原料以及麻织物较2014年稍有减少(减少比例分别为4.03%与6.53%)外,其余都处于增长的趋势,麻纱线的增长比例为2.4%,而麻制品的增长比例为64.01%,发展迅速(表1-7)。

表1-7 2015年麻类产品累计进口情况

商品名称	累计进口金额(亿美元)		同比增长(%)	占比(%)		同比增长(%)
	2014年	2015年		2014年	2015年	
麻原料	7.23	6.93	-4.03	80.33	79.02	-0.02
麻纱线	1.04	1.07	2.4	11.56	12.20	0.06
麻织物	0.63	0.59	-6.53	7.00	6.73	-0.04
麻制品	0.11	0.18	64.01	1.22	2.05	0.68
合计	9.00	8.77	-2.63			

数据来源:国家统计局

2015年各类麻原料累计进口增长情况对比如表1-8所示,黄麻纤维及短纤等进口情况较2014年有所减少,其他植物纤维及短纤等也有所减少,减少比例分别为18.23%与10.27%。亚麻纤维及短纤等略微增长,增长比例为0.38%。进口合计金额6.93亿美元,同比下降4.03%。

表1-8 2015年各类麻原料累计进口情况

商品名称	累计进口金额(亿美元)		同比增长(%)	占比(%)		同比增长(%)
	2014年	2015年		2014年	2015年	
亚麻纤维及短纤等	4.37	4.39	0.38	60.44	63.35	4.81
黄麻纤维及短纤等	0.19	0.15	-18.23	2.63	2.16	-17.63
其他植物纤维及短纤等	2.67	2.39	-10.27	36.93	34.49	-6.61
合计	7.23	6.93	-4.03			

数据来源:国家统计局

2015年各类麻纱线累计进口情况如表1-9所示,麻纱线的累计进口情况较2014年有所增加,其中,亚麻纱线进口额上涨4.17%,黄麻纱线的进口额上涨4.87%。苎麻纱线以及其他植物纤维纱线的下降百分比依次为:31.73%、4.22%。进口合计金额1.07亿美元,上涨比例为2.4%。

表1-9 2015年各类麻纱线累计进口情况

商品名称	累计进口金额（亿美元）		同比增长（%）	占比（%）		同比增长（%）
	2014年	2015年		2014年	2015年	
亚麻纱线	0.12	0.12	4.17	11.54	11.21	-2.80
黄麻纱线	0.43	0.87	4.87	41.35	81.31	96.65
苎麻纱线	0.07	0.05	-31.73	6.73	4.67	-30.57
其他植物纤维纱线	0.02	0.02	-4.22	1.92	1.87	-2.80
进口合计	1.04	1.07	2.4			

数据来源：国家统计局

4. 麻类服装出口增速放缓

2015年麻类产品累计出口情况如表1-10所示，麻原料与麻制品的出口累计较2014年有所减少，减少比例分别为3.82%与4.97%。麻纱线与麻织物的出口额较2014年为增长状态，增长比例分别为2.83%与6.32%。出口合计较2014年增长3.39%。

表1-10 2015年麻类产品累计出口情况

商品名称	累计进口金额（亿美元）		同比增长（%）	占比（%）		同比增长（%）
	2014年	2015年		2014年	2015年	
麻原料	0.11	0.10	-3.82	0.59	0.52	-12.08
麻纱线	3.43	3.53	2.83	18.53	18.44	-0.47
麻织物	11.33	12.05	6.32	61.21	62.96	2.85
麻制品	3.64	3.46	-4.97	19.67	18.08	-8.07
出口合计	18.51	19.14	3.39			

数据来源：国家统计局

2015年各类麻纱线的累计出口情况如表1-11所示，除去苎麻纱线出口较2014年有所减少外（减少比例为17.03%），其余纱线出口较2014年都有所上涨，亚麻纱线出口的增长比例为3.10%，其他植物纤维纱线出口的比例为29.96%。出口金额合计3.53亿美元，较2014年有所增长，增长比例为2.83%。

表1-11 2015年各类麻纱线累计出口情况

商品名称	累计进口金额（亿美元）		同比增长（%）	占比（%）		同比增长（%）
	2014年	2015年		2014年	2015年	
亚麻纱线	3.05	3.15	3.10	88.92	89.24	0.35
苎麻纱线	0.22	0.18	-17.03	6.41	5.10	-20.50

（续表）

商品名称	累计进口金额（亿美元）		同比增长（%）	占比（%）		同比增长（%）
	2014年	2015年		2014年	2015年	
其他植物纤维纱线	0.13	0.16	29.96	3.79	4.53	19.59
出口合计	3.43	3.53	2.83			

数据来源：国家统计局

2015年各类麻织物累计出口情况如表1－12所示，由表中数据可知亚麻织物的出口较2014年有所增长，增长比例达到10.38%，苎麻织物的出口金额略微增长，增长比例达到3.57%，同时，大麻织物与其他植物纤维织物的出口金额较2014年均有所提高，增长比例分别为6.28%和13.66%。总的出口金额合计达到12.05亿美元，较2014年增长了6.32%。

表1－12　2015年各类麻织物累计出口情况

商品名称	累计进口金额（亿美元）		同比增长（%）	占比（%）		同比增长（%）
	2014年	2015年		2014年	2015年	
亚麻织物	4.64	5.12	10.38	40.95	42.49	3.75
苎麻织物	6.43	6.67	3.75	56.75	55.35	-2.47
大麻织物	0.12	0.12	6.28	1.06	1.00	-5.98
其他植物纤维织物	0.08	0.08	13.66	0.71	0.66	-5.98
出口合计	11.33	12.05	6.32			

数据来源：国家统计局

第二章 麻类产业技术研发进展

一 国际麻类产业技术研发进展

世界麻类产业技术以环境可持续发展为立足点，以降本增效和拓展用途为研究方向。除满足传统纤维用途外，还开展了建筑用材、农用生产资料和为家畜提供草料等方面的研究。随着麻类作物的用途拓展和传统纺织技术的提升，一个古老传统的产业焕发新春。

国际上对亚麻、大麻、黄麻、红麻、剑麻的研究比较广泛，而对苎麻的研究非常少。在麻类遗传育种方面，以应用为主，有少量分子生物学方面的研究报道，如解释亚麻野生资源遗传多样性、利用CAD基因沉默改良纤维品质等。在栽培方面主要对麻类作物在矿区、重金属污染耕地等边际土壤中的表现和农作技术进行了研究，并普遍认为麻类作物在边际土壤中种植具有较高的生产与经济可行性。意大利主要研究了麻类作物的生态价值，考虑麻类作物作为地中海地区的多年生牧草进行推广。希腊针对本国的气候环境、土壤条件等，将红麻作为一种新的农作物引入种植作了可行性研究，最终发现红麻不仅环境适应性强，且种植成本较低，可以作为新物种进行种植，并可形成商业化生产加工。

意大利和波兰学者对比分析了欧洲和中国收获方式的异同对提高大麻、亚麻、黄/红麻及其产品品质的影响，列举了9种麻类收获机械，并说明了其主要创新点，对我国麻类专用机械研发具有重要借鉴作用。然而未见针对剑麻、苎麻、莩麻等作物的相关研究报道，同时大部分机械不适合我国南方丘陵山地使用，直接引进的难度较大。

在加工利用方面，印度等国也有开展苎麻纤维脱胶工艺研究及生物脱胶菌株选育的工作，涉及酶在可持续织物湿法工艺中的应用、脱胶对苎麻纤维生物工程特性的影响等领域。纤维性能改良、生物能源制备等方面则具有较广泛的研究。除传统的纺织纤维外，复合材料、生物能源、籽粒应用相关的研究是国外麻类作物加工研究的热点。研究涵盖了加工条件下麻类纤维材料的变化特征与机理、加工工艺的优化、复合材料的性能、生物能源生产机理与技术等各个环节。欧盟生物经济事务委员会将木质素纤维应用于生物复合材料领域，生产出两种生物复合材料：一是将红麻、大麻、黄麻等自然资源的碎片与热固性聚合物相结合形成的刨花板；二是由环氧树脂与可再生资源合成所形成的纤维增强复合材料。

国际亚麻、大麻育种目标主要集中在籽用上，如工业大麻注重高 CBD、低 THC 含量；纤用方面主要开展品种选育等应用研究，例如，立陶宛通过杂交和单株选择的常规育种选育亚麻品种等。剑麻方面有较多研究，如墨西哥学者比较了重要龙舌兰品种的核糖体 DNA 区域的特性，研究了蓝剑麻在株芽发育过程中控制生长素通量的不同 PIN 蛋白的功能和基因编码等。栽培与耕作方面仅有少量报道，美国学者研究认为种植龙舌兰麻是人类利用半干旱地区自然资源的重要手段；Bauer 等在美国东南部对不同灌溉方式和品种对亚麻纤维及种子产量的影响进行了研究。

日本、波兰、韩国、印度等国报道了麻类作物病虫草害防控方面的研究。其中，波兰研究了抗镰刀菌亚麻种子的生理生化特性，韩国报道在红麻上发现了由真菌 *Leptoxyphium kurandae* 引起的煤烟病，印度报道了由金色黄花叶病毒引起的苎麻黄化病。

波兰天然纤维和药用植物研究所基于俄罗斯 ZK－1，9 型大麻收割机，开发了"KR"拖拉机牵引式大麻收割机，能同时收获大麻的茎秆和果穗。HempFlax 开发了一种"双切割系统"的大麻收获机械，它包括传统 Hempcut 4500 和改进的联合头部，用以收获大麻花叶部分。

在生物脱胶方面，Cecilia 等介绍了一种 molybdenum complex 处理亚麻的方法，并认为该方法比纯粹的漆酶方法更有利于木质素的降解。Wanda 对亚麻脱胶过程中的胶质成分进行了研究。在燃料乙醇生产方面，瑞典提出 2020 年之后利用纤维素生产的燃料乙醇全部替代石油燃料，彻底摆脱对石油的依赖；美国 2014 年燃料乙醇产量较上年度增长 8%，2015 年美国纤维乙醇年产能超过 25 万 t，并提出到 2020 年生物燃料在交通燃料中的比例达到 20%。

在麻纤维利用方面，在复合材料中的应用研究最为活跃。欧洲亚麻大麻联合会（CELC）发布了《亚麻和大麻纤维：天然复合材料行业的解决方案》，并公布了可用于各种热固性和热塑性树脂基体的亚麻带状织物，用于汽车、机器人、家具、体育器材和休闲用品等众多方面的多轴二维编织物，可被模塑成多种复杂形状复合材料的 FibriPreg 系列非织造布垫，可通过拉挤、纤维缠绕或半固化等成型方法制得高性能复合材料的 NanoVin PVC 乳液等众多产品。希腊对红麻生物基材料相关的种植情况、经济价值、市场行情等进行了研究。意大利学者对于麻纤维生产液态纤维膜及其应用进行了探索。马来西亚就红麻/林木复合新材料研发等进行了探索。

我国麻类产业技术研发进展

国家麻类产业技术体系"十二五"重点任务在整合"十一五"已有的研究内容基础上进行了系统地凝练和深化,按照"多用途""非耕地利用"和"生态恢复"的研究方向,形成了3项体系级重点任务和8项研究室任务。体系级重点任务主要是针对产业发展的重大技术瓶颈进行攻关,研究室任务主要是以服务体系级任务为目标而开展的技术创新、跟踪分析等研究。

麻类作物遗传育种方面的工作取得显著成绩。2014—2015年我国发布鉴定主要麻类作物品种30个,其中,苎麻3个、红麻10个、黄麻9个、亚麻3个、工业大麻4个、剑麻1个。育种目标向专用、兼用、多用深层次拓展。其中,苎麻向饲用、高纤维细度、适于机械化收获等方面深化,选育高CBD含量工业大麻品种、菜用黄麻品种、高皂素含量剑麻品种、油纤兼用亚麻品种是当前的主要育种方向。此外,开展了大量的种质资源创新与鉴定、不同生态区适宜品种筛选、育种与繁育技术研究、生物技术基础研究等工作,并取得了重要进展。

麻类作物的试验产量得到了大幅度提升,在全国29个主产区高产示范点分别完成了苎麻369工程(即亩产300kg原麻、600kg嫩茎叶和900kg麻骨,下同)、红麻637工程、黄麻526工程、大麻238工程等目标;在山坡地、盐碱地、冬闲地等非宜粮田实现了苎麻248工程等目标。山坡地、重金属污染耕地、盐碱地、干旱贫瘠山地等边际土壤中麻类作物品种筛选与种植技术研究是当前麻类作物栽培研究的重点。

抗性品种筛选、高效专用防治药剂筛选与复配、发生规律与防治新方法研究是我国麻类病虫草害防控技术研究的主体。加强了黄麻叶枯病、红麻立枯病、新型黄麻根结线虫等新病害及麻类作物主要病虫草害的病原菌鉴定、发生与为害规律和现状调查、快速检测监控技术研发、防治药剂筛选和应用等研究。研发了苎麻种衣剂、苎麻夜蛾诱抗剂、苎麻根腐线虫病BP菌剂、亚麻田2甲4氯钠和烯草酮复配除草剂、可降解农药残留的微生物菌剂等产品及其配套技术。

对大型苎麻剥麻机加工生产线进行了改进和试验,经过多年的研究与调试,研制成功的6BMH-180型大型苎麻剥麻生产线,该机性能可基本满足苎麻纤维剥制的需求。研制了4BM-780型大型剥皮机,并在中国农业科学院麻类研究所望城试验基地剥麻机车间安装运转,试验运行正常,可开展剥皮试验。加强苎麻收割农机农艺结合,苎麻种植方式配合4LMZ-160苎麻收割机农艺的要求,改苎麻垄作为平作开沟的种植方式,提高了苎麻植株的一致性,结合收割机种植合适的株距和行距。

在麻类纤维脱胶及纺织性能改良方面开展了深入研究。重点对麻类脱胶高效菌株DCE01进行了研究与应用，麻类生物脱胶发酵周期≤8h，苎麻、红麻、黄麻、大麻韧皮脱胶制成率依次为69%、56%、55%、62%；苎麻或大麻韧皮脱胶的NaOH用量减少96%，标煤用量比常规方法减少68%，从源头上减轻污染量58%。完成了《苎麻纤维细度的测定（气流法）》和《精细化亚麻纤维》两个国家标准的制定。开发出了苎麻氧化脱胶中纤维素保护与稳定剂选用技术、棉型苎麻牵切纺纱技术、苎麻包缠纺纱新技术、包缠纺苎麻织物刺痒感评价与改善技术，开发了亚麻/涤纶/腈纶湿纺混纺新产品、红麻粉/PP复合纤维等新型材料。

多用途研究与应用是麻类产业发展的新着力点。广泛开展了苎麻饲喂奶牛、鹅、山羊，新型苎麻配合全价饲料开发，麻育秧膜在机插水稻育秧中的应用，亚麻做保健食品，苎麻骨为基质的钝化土壤重金属的生物炭，剑麻制作肥料，红麻制成环保吸附材料，黄麻变成保健蔬菜和重金属的吸附改良剂，大麻提炼CBD，麻类副产物栽培食用菌，麻类纤维乙醇制备等研究及扩大应用，形成了一批专利技术。

（一）麻类作物高产高效种植与多用途关键技术研究

产量提升是产业技术水平提升的重要表现，麻类体系"十二五"期间以"跳起来摸到天花板"的要求，制订了在高效基础上的高产目标。整体要求单产提高15%左右，或者各类麻的亩产目标达：苎麻369工程，即原麻300kg、饲料600kg、麻骨900kg；红麻637工程，即生麻600kg、嫩茎叶饲料300kg、麻骨700kg；黄麻528工程，即生麻500kg、嫩茎叶饲料200kg、麻骨600kg；亚麻255工程，即纤维200kg、亚麻籽50kg、麻屑500kg；工业大麻238工程，即原麻200kg、嫩茎叶饲料300kg、麻秆芯800kg；剑麻45工程，即纤维400kg、麻渣500kg。在山坡地、冬闲田、盐碱地等非耕地上相应提出了苎麻"248"工程、盐碱地亚麻"63"工程、红麻"526"工程、黄麻"425"工程目标。

1. 高产高效种植技术研究

全面完成"十二五"产量目标。2014年，由执行专家组组织，相关体系专家、当地农业主管部门参与的专家组分次分批，对依托相关团队承担的麻类作物高产高效种植技术研发与示范任务进行了现场测产验收。验收组分别在湖北、湖南、江西、四川、重庆、安徽、浙江、福建、云南、河南、山西、吉林、广东、广西、黑龙江、新疆、江苏等17个省（区）对六大麻类作物，分61批次，对依托相关团队承担的麻类作物高产高效种植技术研发与示范任务进行了现场测产验收。

2014年测产数据表明，苎麻、亚麻、黄麻、红麻、工业大麻和剑麻全面完成了体系提出的单产较"十一五"高产水平提高15%以上的目标，并且苎麻"369"/"315"、亚麻"255"、黄麻"526"、红麻"637"、工业大麻"238"和剑麻"45"工程的超高产目标在部分区域得到实现（表2-1）。

表2-1　2014年高产高效种植任务部分测产验收结果

作物	区域	品种	产量（kg/亩）			承担团队
			纤维原料	嫩茎叶饲料	麻骨	
苎麻	湖北	华苎5号	546.0	467.8	1 230.0	栽培与耕作
黄麻	福建	福黄麻3号	611.1	241.3	1 056.7	黄麻育种
红麻	湖南	中杂红368	649.2	376.2	1 146.2	红麻育种
工业大麻	安徽	皖大麻1号	270.1	293.6	1 025.3	工业大麻栽培

2015年在此基础上，重点从进一步扩大测产调查范围和示范面积，熟化、简化技术流程，提高种植效益，推进种养结合技术研究与应用等方面入手进行了优化。其中，在云南昭通、广西南宁、福建莆田和广东湛江等地进行了测产工作。在云南省宾川县的15亩中亚麻1号高产示范田的测产数据表明，利用体系研发的高产栽培技术，南方亚麻原茎产量可达到927.52kg/亩，远远超过本区域"十一五"期间同类示范样板的平均单产（582.6kg）。

在广东、广西两地的剑麻测产数据显示，湛江农垦东方红农场高产区剑麻纤维产量达到567.7kg/亩、麻渣664.7kg/亩，广西农垦山圩农场示范区达到纤维457.6kg/亩和麻渣741.9kg/亩。较常规种植技术显著提高了剑麻产量。

育成18个高产优质麻类作物新品种。选育出一个亚麻新品种黑亚23号。该品种原茎、全麻、种子产量分别为409.4kg/亩、103.7kg/亩和42.2kg/亩，分别比对照增产17.5%、25.3%和13.5%，全麻率达30.8%，比对照高1.8个百分点。选育一个亚麻新品系02119-7-9，原茎、全麻、种子产量分别为6 350.2 kg/hm²、1 631.1 kg/hm²和652.7kg/hm²，分别比对照增产10.6%、13.9%和14.7%，全麻率达30.9%；育成中黄麻6号、福黄麻4号、福黄麻5号和福黄麻6号等5个黄麻新品种，通过安徽省新品种鉴定，平均每公顷生皮产量分别达到4 445kg、4 399kg和4 227kg，较对照"黄麻179"增产均达9%以上；育成H1301、H1302、K66和K68等4个红麻新品种，在安徽省通过鉴定并登记；育成工业大麻杂交新品种"云麻杂2号"和"云麻杂3号"，原麻亩产均超过200kg；育成剑麻新品种热麻1号，比抗病对照品种粤西114纤维产量提高5%，较高产良种H.11648鲜叶产量提高了8%。

完善了麻类作物新型工厂化育苗技术。开展了苎麻嫩梢水培工厂化育苗技术研究，为苎麻工厂化、规模化育苗奠定了技术基础。研究了适用于苎麻嫩梢水培工厂化育苗条件下的消毒措施、营养液配制、光温环境控制、品种特性与扦插密度、水培模式、育苗过程标准化管理、培养液处理与再利用技术、定植炼苗措施和移栽技术，形成了1套完整的苎麻嫩梢水培养技术参数体系，实现种苗源倍增、大幅缩短育苗周期（7~12天）、显著提高移栽成活率（92%以上）和降低种苗成本的目的。

加强麻类作物水肥运筹技术研发与应用。继续进行苎麻叶面肥、NPK互作以及氮钾运筹等高产高效施肥技术研究，进一步完善了苎麻"369"高产高效施肥技术规范。研发的F4腐植酸复合叶面肥，可显著提高全年纤维产量、生物产量和纤维支数。针对纤用或饲用的生产目标，提出了高效测土配方施肥技术。从高产群体结构、地上地下部分调控、收获高度及肥力对苎麻干物质累积的影响、营养元素胁迫蛋白质组学等方面，进行了高产机理研究，形成了适于不同产区的多套高产技术，其中，形成华中产区苎麻369高产高效种植技术1套，三季麻亩产原麻354.64kg、干麻叶792.98kg、干麻骨850.15kg，基于此申报湖北省地方标准1项；形成工业大麻秆叶高产栽培技术1套，秆叶亩产达到200kg以上，生物产量达到1.3t以上。

2. 多用途技术研究

推进麻类作物饲料化研究与应用。在湖南省沅江市、常德市汉寿和西湖农场、张家界，湖北咸宁、通山等地进行苎麻副产物高效利用推广基地建设，累计示范推广面积达9万亩，加工苎麻青贮饲料8 000余吨，养殖肉牛和奶牛11 000余头，山羊10 500余只，肉鹅1 000羽。依托所在地苎麻试验站和示范县，采用与当地苎麻种植户或合作社结合的方式，为肉牛肉羊养殖推广基地提供优质苎麻饲料来源。在新晃、涟源建立养殖示范基地，进行苎麻青贮饲料生产及饲喂草食动物技术推广。

研制出新型苎麻草料产品3个，利用40%~70%的苎麻草粉和其他牧草为主料制成，充分发挥苎麻草粉高蛋白、其他牧草高能量的特点，通过辅料优化饲料营养结构，达到满足肉鹅生长的要求。该成果在湖南、四川、湖北、江西、重庆等相关农业科研单位及企业进行了推广应用，产生了显著的经济与社会效益。同时，还开展了红麻、剑麻等副产物青贮试验，形成了剑麻渣与柱花草、甘蔗梢、菠萝皮等原料混合青贮技术。

开展了苎麻与其他牧草的比较试验，通过"中苎1号"等不同苎麻品种与黑麦草、象草在干物质量和营养品质等方面的比较，得出了苎麻整株作反刍动物饲草的合理收割与放牧技术，其中，苎麻园生态肉鹅放牧技术获得国家发明专利授权，并有3项相关专利在审。同时，还开展研究了苎麻园冬闲田行间套种白三叶、黑麦草和紫云英3种牧草对杂草密度优势、杂草组成及生物多样性的影响，饲料红麻营养成分测定与评价等研究。

开展了麻类作物副产物栽培食用菌技术的研发与优化。从培养基pH值、水分、添加剂、副产物含量等方面优化栽培基质配方，优化温度、湿度、光照、通气等栽培管理参数，进行亚麻副产物栽培杏鲍菇、凤尾菇、平菇、黑木耳，苎麻副产物栽培真姬菇、灰树花、茶树菇，剑麻麻渣栽培草菇等研究。其中，培养基中含亚麻副产物50%、水分65%、pH值6.0，并添加1%碳酸钙和1%白糖时，栽培杏鲍菇的效果较好，生物学效率达70%以上；培养基中含苎麻副产物50%、水分65%、pH值6.0，并添加1%碳酸钙和1%白糖时栽培真姬菇的效果较好，生物学效率达158%以上。在长沙试验基地和湖南忠食农业生物科技有限公司进行麻类副产物栽培杏鲍菇和金针菇生产示范11批次，示范规模累计为2万多个菌袋，杏鲍菇的生物学效率为80%以上，金针菇生物学效率为100%~130%。另外，还开展了苎麻副产物诱导的杏鲍菇胞外分泌蛋白质组学分析等工作。

开展了食用菌栽培周期中麻类副产物降解规律及不同阶段胞外酶分泌情况研究，研制出多套食用菌栽培技术：研制出30%麻屑替代木屑栽培滑子菇、猴头菇的培养基配方及栽培技术各1套；利用大麻副产物，研制出含大麻麻骨60%的食用菌培养基，栽培茶树菇的生物学效率达到99%；利用剑麻叶渣作为基质，经优化配方和基质蒸汽灭菌处理，成功产出草菇；继续开展苎麻、红麻等副产物工厂化栽培杏鲍菇、金针菇、真姬菇等的生产示范工作。用麻骨作代料栽培杏鲍菇、猴头菇、毛木耳，2015年获得国家发明专利授权3项。

开展麻类作物生物活性物质提取及利用技术研究。检测了加工后苎麻类黄酮、绿原酸、熊果酸等物质的含量，并研制出一种苎麻保健面条及其制作方法。与企业合作开展了工业大麻花叶（嫩茎叶和麻糠）提取CBD中试生产，CBD提取率达到92%以上，花叶和麻糠原料CBD含量较对照云麻1号的0.4%提高到0.9%，并共同起草《工业大麻花叶收获技术规程》和《工业大麻花叶质量标准》2项企业标准。初筛获得7株剑麻皂素转化菌株，对剑麻总皂苷及其皂苷元进行了分离纯化和检测，建立了不依赖于光学性质的反向高效液相/蒸发光散射检测器色谱法检测剑麻皂苷元。

云麻6号、云麻7号两个工业大麻新品种于2014年8月通过了田间鉴评，并进行了登记，获得云南省品种鉴定证书。参加生产示范的这两个品种均属晚熟型高CBD含量工业大麻品种，其中，云麻6号较生产上已大面积推广的云麻1号早6~10天，而云麻7号较云麻1号晚熟5~10天，CBD含量分别达到了0.52%和0.89%。在此基础上，与香港生物药业集团公司（BioSynthesis Pharma Group Limited）合作共建生化实验室，顺利完成嫩茎叶提取CBD中试生产试验。同时，对工业大麻根、麻糠中的蛋白质、脂肪、矿质元素、维生素、THC、CBD等含量进行了测试，形成了提取物初加工技术。

测定了南亚1号、H.11648、墨引6号等9个品种剑麻叶片皂素含量，结果表明南亚1号、广西76416叶片皂素含量明显高于粤西114和H.11648，其中，南亚1号为抗病性强、产量较高、具多用途开发前景的剑麻新品系。

（二）非耕地麻类作物种植关键技术研究与示范

1. 进一步优化山坡地、贫瘠土壤麻类作物高产栽培技术

2014年，在湖北赤壁、嘉鱼，湖南汉寿、张家界，江西万载，四川达县和重庆南川进行了山坡地苎麻"248"工程测产验收工作（表2-2）。数据表明，体系研发的适于不同产区的山坡地苎麻高产种植技术，可有效提高苎麻产量，各产区平均产量达到了原麻245.4kg/亩、副产物1 350.6kg/亩的水平。全面完成了体系提出的亩产原麻200kg、副产物1 200kg的目标。

表2-2 2014年山坡地苎麻测产验收结果

区域	品种	产量（kg/亩）			承担团队
		原麻	嫩茎叶饲料	麻骨	
湖北赤壁	华苎5号	273.8	348.3	1 247.7	栽培与耕作
湖北嘉鱼	中苎1号	259.3	557.6	895.2	咸宁苎麻试验站
湖南汉寿	中苎1号	233.8	486.0	801.5	苎麻栽培
湖南张家界	中苎1号	241.5	1 245.0		张家界苎麻试验站
江西万载	中苎1号	261.0	449.3	941.6	宜春苎麻试验站
四川达县	川苎11号	241.6	444.3	810.5	达州苎麻试验站
重庆南川	中苎2号	207.1	460.2	767.3	涪陵苎麻试验站

完成贫瘠土壤苎麻高产高效施肥技术规范和中苎系列苎麻品种在张家界山坡地的品种比较试验，表明中苎1号和中苎2号在山坡地都表现了较好的适应性，原麻亩产量分别达到222kg和227kg，而中苎3号虽然在产量上低于中苎1号和中苎2号，但以其优异的纤维品质，相对于其他优质品种产量上有较大优势，可以作为山坡地优质苎麻品种推广种植。提出山坡地苎麻248种植技术1套，基于此申报湖北省地方标准1项。

2. 继续加强盐碱地麻类作物品种筛选与高产栽培技术研究和示范

在黑龙江兰西县的盐碱地上对筛选的耐盐碱亚麻"黑亚16号"品种等进行了高产试验示范。结果表明，pH值是影响亚麻产量的主要因素，这对于将来亚麻盐碱地种植具有指导意义。在吉林前郭、乾安、蛟河等地的盐碱地、沿江滩涂地等开展了亚麻高产种植技术试验示范，其中，前郭盐碱地吉亚2号亚麻原茎产量达到310.8kg/亩，种子产量32.82kg/亩，较对照吉亚1号分别高出了13.3%和14.9%；蛟河30亩沿江滩涂地吉亚4号平均产原茎406.0kg/亩，比周边生产田平均增产11.0%。在云南祥云开展的冬闲田亚麻种植示范测产数据表明，采用优化栽培方案，可使亚麻原茎产量达到797.7kg/亩，亚麻籽产量达到55.8kg/亩。

研究形成了适合于江苏、福建、广西、河南等地盐碱地、贫瘠土壤黄/红麻高产种植的技术模式，并进行了测产验收。采用压盐处理、起垄种植、湿润出苗、密度调节、适时早播、少量多次施肥等措施，保障了黄/红麻的出苗质量和群体结构，促进了作物生长。测产数据表明：江苏大丰滨海盐碱地红优2号、中杂红368和杂红992三个红麻品种亩产平均达到生皮533.6kg、麻叶346.6kg和麻骨986.2kg，中黄麻4号等3个黄麻品种平均达到亩产生皮438.37kg、麻叶169.76kg、麻骨647.03kg；河南潢川县的50亩岗岭薄地红麻亩产达到生皮540.8kg、干叶196.3kg和麻骨785.2kg的水平。

初步筛选出适应0.3%~0.5%盐碱度土壤生长的黑亚16号、Diane和Agatha等亚麻品种，其中，黑亚16号在黑龙江兰西盐碱地（pH值8.47、盐分0.91g/kg）种植，亩产原茎达到288.1kg。2015年在江苏盐城、福建莆田等地盐碱地进行了黄/红麻耐盐碱栽培技术试验示范，其中，江苏盐城杂交红麻中杂红368亩产干皮510kg、干骨926kg；福建莆田黄麻具有田间表现生长势旺，群体整齐，植株清秀，秆硬耐倒等特性，亩产原麻441.97kg、嫩茎叶226.40kg和麻骨692.60kg，达到黄麻"425"工程的要求。

3. 开展重金属污染耕地等边际土壤利用与修复技术研究

利用生理和分子生物学手段对苎麻耐重金属机制进行研究。开展了苎麻根镉响应基因表达谱构建与验证，镉/砷复合污染对苎麻生长及吸收重金属离子能力的影响，苎麻对重金属镉污染的耐受和富集能力研究。形成了苎麻、红麻、黄麻耐镉种植技术各1套，其中，种植苎麻经过一年修复后，土壤镉含量降低了8.19%，并提出以此为原料生产饲料最多替代1/3原粮的上限要求。开展了以苎麻骨为基质的生物炭钝化土壤重金属的试验，初步验证了麻秆炭具有比稻草碳更好的降镉效果。

（三）苎麻剑麻固土保水关键技术研究与示范

1. 中陡坡地苎麻种植关键技术

继续开展"中苎"系列和饲料专用苎麻"中饲苎1号"等品种在中陡坡度山坡地及贫瘠土壤上的种植技术试验，并已形成一套高效的施肥方案。结果表明，以收获生物产量为目的生产推荐种植中苎2号、中苎1号；以收获优质纤维为目的的生产推荐种植中苎3号；以收获优质饲料为目的的生产推荐种植中饲苎1号。其中，饲料麻在山坡地也表现了很好的适应性，一年可以收获6次，收获全株饲麻嫩茎叶鲜重6 524.1kg/亩，干物质967kg/亩。

在湖南张家界和湖北咸宁中陡坡地贫瘠土壤开展苎麻高产技术研究。其中，在湖南张家界利用"黄壳麻"、中饲苎1号、中苎2号苎麻品种，采用不同品种混播配合高效施肥技术研发，提出了1套利用"中苎2号+黄壳麻"混栽高产栽培技术，全年原麻亩产达

72.3kg，平均株高达1.87m；在湖北咸宁开展的不同根型品种固土保水技术研究表明，深根型品种华苎5号年原麻产量可达215kg。中饲苎1号在山坡地表现了很好的适应性，一年可以收获6次，嫩茎叶亩产可达2500kg，平均粗蛋白质含量21%。

湖北崇阳水土保持基地苎麻测产数据显示，无论是浅根型、深根型还是中根型品种，三季麻亩产均超过150kg，其中，深根型品种产量最高达到215kg，浅根型品种三季麻产量达到200kg，达到了考核指标要求。湖南张家界中陡坡度山坡地土壤侵蚀模数测定结果显示，苎麻比旱粮作物降水利用效率提高210元/(mm·亩)。在山坡地饲用苎麻高产栽培的土壤水分管理技术研究方面，得出了竹节沟、暗沟、化学保水剂、径流池积水灌溉等措施对苎麻生产的影响，该技术在干旱季节的增产幅度均超过了20%。同时，加大苎麻种植密度是降低土壤侵蚀量的有效措施。

继续开展了山坡地饲用苎麻高产栽培的土壤水分管理技术研究与示范。研究表明，有限灌溉、工程储水、施用化学保水剂等技术可在干旱季节显著改善苎麻生长状况，增产均超过了25%以上。观察不同作物及种植密度下土壤侵蚀动态特征发现，在充分利用苎麻特性防治水土流失的同时，配合工程技术进行综合治理，还可显著提高作物产量。

2. 干热河谷剑麻种植关键技术

继续开展适于干热河谷种植的剑麻品种筛选，种植密度、间种方式、营养元素对剑麻生产的影响，以及剑麻固土保水效应的相关研究。对前期种植的15个剑麻品种的效应进行了进一步的跟踪研究发现，不同品种在植后前2年的差异较大而第三年后差异不明显，均具显著的固土作用，在生产中选择具体的种植方式和种植区域则会对后期的固土效果产生重要影响。在元谋县的生产示范表明，南亚1号、广西76416、H.11648等长势很好，以其实施生态恢复效果较好，其中，10°、20°坡地剑麻水分利用效率分别总体提升28%和23%，侵蚀模数总体分别降低55%和68%。

在云南省元谋县开展了干热河谷不同氮营养水平对剑麻产量和品质的影响试验，发现每株剑麻每年施0.4kg尿素（N46%）、0.1kg P_2O_5和0.2kg K_2O可显著提高剑麻株高、新增叶片数、叶片长度、叶片宽度、叶片厚度等指标，并可延长剑麻快速生长时间。

在极端干旱条件下进行剑麻品种筛选发现，干热河谷区种植的热麻1号、广西76416、H.11648等长势很好，生态恢复效果较好。在梯田上剑麻与柱花草、扭黄茅间作，可有效改善土壤质量，提高剑麻植株高度、叶片数、叶片厚度、叶片宽度、鲜叶产量等指标；在10°以上坡地上利用水平沟种植，可显著提高降水利用率（30%以上）、降低土壤侵蚀模数（平均降低59.2%）。

(四) 麻类作物育种与制种技术研究

1. 种质资源创新

筛选出苎麻新种质14份，其中，高产、高细度种质4份（如H2000-34，细度高达2 423m/g），表型鉴定雌性不育种质2份，株型好、纤维品质优异的单蔸8个（0663-2、Z0664、96-19、CZ0601等）；红麻新种质20份，其中，叶角小、株型好的材料5份（如d13-142、d13-204），钝感、茎表无刺材料3份（如d13-048、d13-104），高抗倒伏材料1份（d13-202），高产、优质、抗倒伏种质3份（如d057），高产、光钝感种质2份（如dg024），不育系材料6份；黄麻新种质6份，其中，高产、优质、耐盐碱种质4份（如Y05-02、摩维1号），高产、重金属吸附力强的种质2份（J011、J045）。利用辐射诱变、远缘杂交、外源DNA导入，以及多胚种质利用等创新手段，开展麻类种质原始创新工作。经田间初步鉴定获得表现突出的创新后代121份，其中，红麻34份、黄麻75份、苎麻12份。同时，获得与悬铃叶苎麻无融合生殖连锁分子标记4个，无融合生殖相关基因3个；建立外源基因导入的比例达到0.1%~0.5%的工业大麻遗传转化体系，GUS检测表达率可达30%以上；克隆全长的耐盐、抗旱相关基因2个，发现FAMA和MYB基因对干旱和盐均有响应。

2015年，新鉴定获得表现优异的创新后代128份，其中，红麻52份、黄麻66份、苎麻10份。对上年度获得的资源进行了筛选，获得优异种质16份，其中，红麻高产、优质、抗倒伏种质5份（如d13-196、d13-005），高产、晚熟、抗倒伏种质3份（如d13-203、d13-200），高产、光钝感种质2份（如d15-016）；黄麻高产、优质、耐盐碱种质2份（Y05-02、摩维1号），高产、重金属吸附力强的种质2份（J011、J045）；苎麻头麻开花种质1份，分蘖力强（分株多）的突变体1份。

2. 苎麻

由厚皮种S2×玉山麻S2杂交选育获得的"中苎3号"2014年通过湖南省新品种登记。该品种头麻单纤维细度一般在2 700支以上，单纤维强力为34.75cN，年均纤维支数2 443公支；抗苎麻花叶病、中抗根腐线虫病，抗风抗倒性强；耐旱耐肥能力强，丰产性好，适应性强，能在全国苎麻产区推广应用。

筛选出S1401、Z1403、Z1428、Z0663-2、Z0664、CZ0601等株型好、纤维品质优异单蔸6个，并进行扩大繁殖。基于核心种质，进行了苎麻纤维细度优异等位基因分析，得到RAM0298、b38和b64等3个与纤维细度显著相关的分子标记，并且3个关联标记对表型变异解释率都在5%以上，其中，RAM0298在3个分析模型中对表型变异解释率都达到了20%以上。利用F_1和F_2代群体进行无融合生殖相关分子标记研究，获得了无融合生殖相关连锁的分子标记3对，确定GASA家族与悬铃叶苎麻无融合生殖相关。

发明了一种苎麻嫩梢水培工厂化育苗技术，利用工厂化设备集中保护育苗过程，规避苎麻育苗过程中出现的不良气候和不利条件；大大缩短了育苗周期，经过7~12天的培育和管理即可长成适合移栽的新植株；成苗率达93%以上，大田移栽成活率在92%以上；操作简单，节省空间与劳动力，清洁卫生，不受外界环境影响，四季可行，利于推广；很好地解决了苎麻快速繁殖的技术难题，可实现工厂化生产。

3. 亚麻

以黑亚16号为对照，鉴定出4份优异高纤、优质、抗病亚麻品系，其中，品系20265-8-7-15-4的原茎产量、纤维产量是最高的。品系2013KF110的原茎产量一般，但是全麻率是最高的，为32.1%，纤维产量较高，为126.1kg/亩。4份材料原茎产量和全麻产量比当地品种黑亚16号增产10%以上。决选鉴定出通过单倍体育种技术培育出的抗倒伏优良亚麻双单倍体品系2个。2013KF93原茎产量494.0kg/亩，全麻率为29.9%；2013KF112原茎产量508.9kg/亩，全麻率为32.5%。

利用诱变、转基因等生物技术手段创制出优质、多抗、适应性强、高产、遗传背景清楚的新种质4份，原茎产量比当地品种黑亚16号增产12.7%~15.9%，全麻增产15.9%~23.7%。决选鉴定出抗倒伏优良亚麻双单倍体（DH）品系2个，其中，2013KF110原茎产量6 505.6 kg/hm^2，全麻率30.1%；2013KF112原茎产量7 505.6 kg/hm^2，全麻率33.2%。进行了钾胁迫、干旱胁迫下亚麻品种筛选及差异基因表达分析；开展了亚麻不同生长时期内源激素变化规律的研究，初步明确了IAA、GA_3、ZR和ABA等内源激素含量的变化特征；开展了亚麻纤维相关性状的QTL定位研究；利用重测序技术检测了8个亚麻品种基因组水平变异，并对其进化关系进行了分析。

4. 黄/红麻

以0.6%的NaCl溶液，在红麻苗期进行筛选，共筛选了90份红麻育种材料，其中，高度耐盐的材料9份，中度耐盐的材料70份，对盐敏感的材料11份。开展了红麻三系法制种和良种高效繁育技术的示范，每亩种子产量60~70kg。开展了黄麻再生体系优化研究；构建了黄麻悬浮体系，为麻类作物体细胞杂交提供了理论依据；选用146份黄麻品种为材料，采用盆栽进行干旱胁迫试验，开展了黄麻基因源干旱胁迫生理响应研究；使用同源克隆和RACE技术，从黄麻中克隆出抗旱相关基因SnRK2；利用63个SSRY引物，对159份来自11个国家的黄麻种质资源进行遗传结构和亲缘关系的分析；利用Illumina测序进行红麻转录组基因发掘和标记鉴定；探索黄麻矮秆种质爱店野黄麻株高对不同外源激素的敏感性，为利用矮秆种质剖析黄麻株高的遗传基础与激素调控的关系提供依据。

5. 工业大麻

挑选了45对引物对115份大麻材料（15份欧洲材料）进行了多态性分析，结果显示115份材料可以分为4个区：中国北方、欧洲、中国中部和中国南方，而中国北方材料与欧洲具有更近的亲缘关系。EST-SSRs的频率为11.21%，此频率高于已知的韧皮纤维作物亚麻（3.5%）和苎麻（3.83%），但是低于咖啡（18.5%）和油菜（15.58%）等作物。这些结果为以后大麻的引种、选育及分子育种工作奠定了良好基础。

对12个雌雄同株单株材料进行了株系试验。同时，也继续开展了化学诱导大麻性别转化的技术研究。利用化学试剂（银离子）诱导工业大麻性别转变研究，研究了不同银离子浓度、不同诱导方式、诱导时间等对工业大麻性别转变的影响规律，获得了一套用于诱导纯雌性工业大麻的技术体系。通过过去两年72个杂交组合配制、经济性状间的遗传力、配合力及杂种优势的测定评价，对优选出的2个杂交组合实施多点试验。开展了高CBD含量新品系的高产高效繁种技术研究，目前可达到种子单产超过100kg/亩的目标，并完成了云南省地方标准——《工业大麻种子繁育技术规程》，通过专家评审，云南省质量技术监督局于2014年9月28日发布，2014年12月30日起实施。

对13份种质资源的主要生物学性状、农艺性状、生物活性物质含量等指标进行了鉴定；对6份雌雄同株工业大麻系选材料进行加代试验，开展了化学诱导大麻性别转化的技术的研究，获得了一套用于诱导雌雄同株大麻育种材料技术和生产纯雌性工业大麻种子的技术体系；在云南昆明、昭通等5地开展了工业大麻杂种优势利用研究；形成1套工业大麻杂交制种的技术，制定申报农业行业标准《工业大麻种子繁育技术规程》；继续开展大麻THC含量非生物环境因子调控机制，初步探明全氮、碳氮比等因子与THC含量的关系；开展了大麻THC含量相关的分子标记研究，筛选到在高THC含量品种中表达的特异标记3对，筛选得到耐盐碱大麻新种质2份。

6. 剑麻

2014年继续开展剑麻有性杂交和辐射诱变育种工作。选择了4个母本进行7个组合的杂交授粉，共授粉16 730朵花，获得果实3 295个，坐果率19.7%。对不同剂量的$^{60}Co-\gamma$射线处理的剑麻材料进行培育，获得种苗共2 022株，约51%的种苗表型有变化，其中，株型矮化的苗最多，约占表型变化的95%；其次是叶形变化约占表型变化的4%，叶片变细长或变短宽，或者叶片扭曲变形亦或叶片变薄、叶缘有刺或出现黄色条纹、银边等，从中筛选出3株叶片变厚、变宽的类型。

2015年选择了3个母本进行2个组合的杂交授粉，共授粉8 148朵花，其中，H.11648与粤西114组合两母株共结果807个，坐果率12.8%；完成了诱变变异材料的倍性和抗病性鉴定，获四倍体及混倍体材料各1个；从杂交后代中筛选出叶片多及无刺优良材料 3 个;新收集剑麻种质 17 份,测定 30 份种质的抗风性、6 份种质纤维品质;完成了转化植株的斑马纹病抗性鉴定,筛选到优异基因型材料 5 份;分离出与抗剑麻斑马纹病相关的基因 1 个。

(五) 麻类作物重大有害生物预警及综合防控技术研究与示范

1. 麻类作物线虫防控技术研究

试验表明,由 YC-10 菌株(芽孢杆菌)与 PSB-1 菌株(光合细菌)复配而成的 BP 菌剂对苎麻根腐线虫病、红/黄麻根结线虫病田间防效达 82.6% 以上,与阿维菌素防效相当,显示该复合菌剂在线虫病害防治上有较大应用前景。在明确湖南等地区苎麻根腐线虫病发生流行规律的基础上,对单项技术进行集成,形成以生防制剂为核心、辅以生态调控和适量使用低毒、低残留杀线虫剂的苎麻根腐线虫病安全防控技术体系和相应的技术操作规程(已上报地方标准)。

针对生防产品在重病区防治效果不理想而"福气多"化学药剂易在湖南地区产生药害的特点,研究工程菌粉剂与化学药剂协同应用技术,发现利用 10kg/亩工程菌与 0.5kg/亩福气多处理,其防效就达到了 67.3%,比利用工程菌粉剂单独处理防效提高了 18.1%,而且施用残渣后对下一茬作物根结线虫病也有一定的控制作用。提出了红麻根结线虫综合防治技术,利用清除病残 +98% 棉隆 MG 土壤熏蒸处理,或清除病残 +10% 噻唑磷 GR 毒土处理,防效分别可达 86.58% 和 83.91%。

2. 麻田杂草防控与除草剂安全使用技术研究

研究发现,2 甲 4 氯钠和烯草酮混用亩用量分别为 11.2g(a.i.)和 3.12g(a.i.)时,对南方亚麻田杂草牛繁缕、黄花蒿、狗尾草、棒头草等杂草的防效在 85%~88%,并能减少农药使用量,提高防治效果,降低除草成本。56% 二甲四氯钠 WP 20g 与 240g/L 烯草酮 EC 13ml 混用防除大麻田杂草,药后 30 天对大麻田的株防效达到 97% 以上,且对大麻苗无药害。在此基础上,提出 2 甲 4 氯钠 + 烯草酮组配防控亚麻田杂草技术,大面积应用对阔叶杂草株防效达到 91.81%、对禾本科杂草株防效达到 86.99%。

芽前除草剂精异丙甲草胺对大麻田杂草的株防效在 83% 以上,鲜重防效 82% 以上;纤维用大麻亩增产率 4.7%,籽用大麻亩增产率 14.59%。在此基础上,形成了一套北方大麻田阔叶杂草(苋、藜)综合防控技术,施用 960g/L 精异丙甲草胺 EC 亩用量 60ml,50 天后株防效和鲜重防效分别为 81.68%、81.33%,麻籽增产率为 45%,每亩可节省 1 个劳动力 1 天的工时。

集成冬培清园,草甘膦、草铵膦与高效盖草能复配除草,甲维盐与氯虫苯甲酰胺复配防虫等技术措施,提出苎麻园有害生物综合防控技术,对杂草的整体株防控效果达 90%

以上，鲜重防效95%以上，较当地主推的单用草甘膦防控技术节本增效35元/亩以上。

研究了植物性安全剂川芎缓解不同除草剂对大麻药害的效果，表明川芎添加浓度在0.05~5.0g/L范围内能缓解精异丙甲草胺、异丙甲草胺和乙草胺对麻苗的药害。以解草啶为对照，测定了植物性安全剂川芎和安全剂A缓解芽前除草剂精异丙甲草胺和苗后茎叶除草剂2甲4氯钠对大麻麻苗的药害作用。结果表明，川芎不影响大麻种子萌发，且能缓解精异丙甲草胺对大麻苗的药害，株高恢复率在94%以上。采用酶联免疫分析法（Elisa）测定了不同处理中麻苗中的GSTs活力表明，川芎浸种后播种，再施用精异丙甲草胺，麻苗植株体内GSTs活力显著升高，是其解毒活性增强的原因。

3. 麻田病害防控技术研究

观察了苎麻白纹羽病、红麻立枯病、剑麻叶斑病、大麻灰霉病、亚麻顶枯病、亚麻白粉病、大麻黑穗病、红麻根结线虫、大麻链格孢茎枯病、苎麻复合型侵染根腐病等病害的发生规律、病原菌生物学特性，并筛选了部分病害的防治药剂，收集了220份种质资源进行了抗性筛选。形成了大麻灰霉病、霜霉病，亚麻立枯病、亚麻顶枯病等4套病害综合防控技术。其中，施用600g/L烯酰吗啉·百菌清悬浮剂100~150ml/亩（有效成分900~1 350g/hm²），于发病初期开始用药，连续施用2~3次，每次间隔7~10天，对大麻霜霉病具有较好的防治效果，在发病初期及时施用，150ml/亩剂量的防效最高可达81.04%，且对作物无药害。45%咪鲜胺微乳剂1 000~1 250倍液（360~450mg/kg），施药间隔期为7~10天，于发病初期开始用药，视病情发展情况施用2~3次，对亚麻立枯病具有较好的防治效果。施用10%苯醚甲环唑水分散粒剂65~80g/亩（有效成分97.5~120g/hm²）防治黄麻炭疽病的技术措施，其中，有效成分120g/hm²处理防效可达84.82%。

开展了抗病毒蛋白的分离纯化和鉴定研究。利用PSB06菌、BTH溶液，进行了抗病毒活性菌株的筛选和鉴定，对PSB06的胞外蛋白进行了分离纯化，得到抗病毒活性组分Rhp-PSP，测定了其对植物病毒病的治疗与预防效果。研究对Rhp-PSP进行了质谱鉴定、克隆鉴定、原核表达及其抗病毒效果评价，证明Rhp-PSP对TMV的核酸具有降解作用、对TMV的蛋白合成具有抑制作用。对光合细菌和ALA粉剂的生产技术改良，将培养基成分由十几种缩减到4种主要成分，5-ALA的产量可达50mg/L。在湖南、江西等地山坡地进行了光合细菌和ALA粉剂应用示范，增产效果明显，并对苎麻根腐病有一定的预防效果。

另外，还提出了山坡地苎麻根腐病、白纹羽病、炭疽病复合侵染防控技术2套，药后18天，平均防效达77.33%。分离纯化病原菌多株，准确鉴定12株；测定了剑麻新暗色柱节孢、黑曲霉的适生条件及侵染规律；初步鉴定出剑麻真菌病害5种，其中，国内首次报道的病害1种；筛选出红麻病害高效环保型种子包衣剂2种；筛选出针对大麻叶斑病安全高效药剂3种；初步明确红麻种质对根结线虫的抗性机理；进行了麻类立枯病病原菌的遗传多样性分析；利用小RNA测序技术对剑麻紫色卷叶病、苎麻花叶病毒等病原进行了检测；开展了表达咖啡短体线虫pat-10基因dsRNA转基因苎麻的研究。

4. 麻田虫害防控技术研究

开展了苎麻夜蛾诱抗剂筛选及应用研究。筛选出水杨酸、壳寡糖1500、壳寡糖750、几丁寡糖4种苎麻夜蛾诱抗剂，初步明确了壳寡糖和水杨酸通过提高苎麻叶片中单宁、总酚含量以及叶片中保护酶系（POD、PPO、SOD）活力进而对苎麻夜蛾产生抗性的生理生化机制。研究表明，喷施壳寡糖后可减少苎麻用药2次，节约成本50元/亩，且对苎麻有增产效果，原麻产量与对照相比提高8.3%，结果得到了大田试验验证。

明确了剑麻褐圆蚧的生活习性和发生规律，提出了剑麻褐圆蚧可持续防控技术，通过压前控后（选用40%氧化乐果2 500~3 000倍液或4%啶虫脒2 000~2 500倍液）、保护褐圆蚧天敌（瓢虫、寄生蜂）等手段，对褐圆蚧防治效果达到85%以上，可以减少化学农药1~2次，节本增效50元/亩。

调研了2015年度苎麻、亚麻、黄/红麻主要害虫发生情况，初步制定了亚麻黏虫抗性鉴定方法，提出了利用几丁寡糖和壳寡糖诱抗苎麻夜蛾的防控措施。研究表明，施用时间和施用次数对两种寡糖诱导抗性效果均有影响，施用时间以苎麻生长至15~20cm时施用效果最好，使用次数以施用2次效果最佳（施用7天后再施用一次）。开展了苎麻夜蛾取食诱导抗虫机制研究，利用荧光定量PCR进一步研究了与抗性相关的基因和转录因子在苎麻夜蛾取食后在苎麻体内的表达情况，发现转录因子ERF、WRKY和NAC参与启动诱导抗性程序。

整理出亚麻主要虫害（黏虫、小地老虎、草地螟、白边地老虎等）的为害特点及发生规律，编写了亚麻主要虫害防治技术，并集成亚麻重大有害生物综合防治技术1套，在黑龙江哈尔滨开展了综合防控技术示范，综合防治效果可达80%以上，亚麻原茎产量增加15%，节本增效50元/亩以上。

5. 饲用苎麻园残留农药降解微生物菌剂研制

针对饲用和食品用苎麻中的农药残留问题，研制了可降解农药残留的微生物菌剂，研究了降解机理。从光合细菌菌种库中筛选获得1株能高效降解烟嘧磺隆的光合细菌菌株J5-2（球形红假单胞菌）。J5-2能耐受1 600mg/L的烟嘧磺隆，对400mg/L烟嘧磺隆的降解率达32.2%，筛选获得了高效降解菊酯类农药残留物的光合细菌PSB07-15，发现该菌株以共代谢方式降解菊酯类农药，对菊酯类农药的最高耐受浓度为600mg/L，在含菊酯类农药400mg/L的PSB培养基中，15天后降解率达45.51%以上。研究了PSB07-15的规模化生产工艺，研制成功用于降解土壤中菊酯类农药残留物的光合细菌菌剂产品。

（六）麻类作物抗逆机理与土壤修复技术研究

1. 麻类作物抗旱栽培相关机理与技术研究

开展了水分胁迫、除草剂施用、铁锌元素缺失、增加刈割次数、种子包衣剂、交叉栽培等生态环境或栽培措施对苎麻生长及生理特性的影响研究，并探讨了相关调控技术。研究发现了中苎1号、多倍体1号和湘苎7号等品种在淹水或不同浓度除草剂施用条件下表现出显著的生理响应特征和抗逆性能；适乐时（咯菌腈）400ml/100kg种子+锐胜（噻虫嗪）200ml/100kg种子包衣处理，可使苎麻抵御早期生长发育过程中病害的侵袭和影响，大幅减少苎麻早期病害的发病率，并有效促进苎麻生长、提高苎麻株高和茎粗、增加鲜皮厚度、提高出麻率；以华苎4号为材料，从覆盖栽培、交叉栽培等方面开展山坡地抗旱栽培研究。结果表明，交叉栽培产量极显著高于对照，增产10.89%。在苎麻生长期间，气温较高，间歇性的干旱使植株生长受到限制，而交叉栽培能一定程度缓解植株生长的限制，提高三季产量；苎麻农机农艺结合技术研究结果表明，施用乙烯利2 000mg/kg脱落效果较佳，辅助增施2%磷酸二氢钾及0.5%的尿素脱落更加均匀，同时，用草甘膦进行行间低位定向喷雾防治杂草效果较好，更有利于进行机械化收获。

开展了苎麻抗旱机理研究，完善了抗旱栽培技术。开展了苎麻抗旱相关转录因子研究，完成了苎麻干旱逆境下的叶片含水量QTL分析，检测到3个叶片含水量QTL。以华苎4号为材料，从株行配比、覆盖栽培、喷施抗旱剂等方面开展研究。研究发现，交叉栽培（株行配）可有效缓解间歇性干旱对苎麻生长的限制，显著提高苎麻产量（14.62%）；头麻和三麻旺长期喷施2次500mg/L甜菜碱能提高苎麻产量8.93%；覆盖处理可整体提高苎麻产量，尤其可改善干旱条件下苎麻生产状况，但头麻覆盖会导致地温下降而影响产量，采用二麻、三麻覆盖较好。

开展了干旱胁迫对剑麻幼苗叶片含水率、质膜透性、MDA含量、POD活性、Pro含量、根系活力等生理生化指标的影响研究，初步明确了作物响应特征。在此基础上，进行乡土草、秸秆覆盖等不同覆盖方式，滴灌等土壤水分管理措施对剑麻生长和产量的影响研究，提出了高产栽培技术。进行了剑麻H.11648幼苗抗旱生理研究、干热河谷不同覆盖方式对剑麻生长及产量的影响研究、干旱区域节水灌溉技术研究、水肥药一体化技术研究、轮耕技术研究等工作。数据表明，与不覆盖相比，乡土草和秸秆覆盖可显著提高剑麻的株高、叶片数、叶片产量。经多年试验示范，水肥药一体化技术研究可保障源源不断满足剑麻生长所需要的水肥，促进剑麻快速生长，产量增加10%以上。土壤黏重区域实施隔年或年年中耕，有利增强土壤透气性，促根系发达和吸收水肥。中耕与促进地上部生长有密切关系。

2. 重金属污染土壤麻类作物高产栽培技术研究

开展了镉胁迫下苎麻对重金属元素的转运特征研究。在镉污染胁迫条件下，适量添加铁、锌元素可有效提高苎麻株高、生物量，并抑制镉元素在苎麻植株中的转运，而施用螯合剂 EDTA 和 EDDS 都能显著使镉从苎麻地下部迁移至地上部。

开展了磷肥种类与施肥量对砷污染土壤中工业大麻生长及砷积累的影响研究，进行了工业大麻盐碱地改良剂筛选及盐碱地高产栽培技术示范。初步筛选出了酸雨石、磷石膏等盐碱地改良剂，表明施入酸雨石可显著提高工业大麻株高和原茎产量，其中，庆麻 3 号株高可达 2.47m，原茎产量可达 8.21t/hm²，庆麻 1 号大面积示范纤维产量达 1.99t/hm²，较对照增产 15.2%；不同品种对不同改良剂的响应特征不同。

开展了不同浓度 Pb 胁迫及盐碱胁迫条件下工业大麻的生长、生理变化特征及调控技术研究。通过选择不同种类磷肥及低磷施肥方法等措施的结合，使得重金属污染耕地工业大麻原茎和干皮产量达到了当地大面积生产水平，分别达到 814.0kg/亩和 170.6kg/亩。筛选出磷石膏、酸雨石、硫酸铝等盐碱地土壤改良剂，并通过集成品种选择、深耕深松、增施有机肥、合理密植等手段，亩产原茎达到 550.6kg，比对照增产 6.7%。同时，还在汾阳、六安、西双版纳等地验证了免耕大麻的可行性，其中，六安点获得了亩产干皮 214.1kg、麻骨 667.0kg 和麻叶 306.8kg 的高产，在与常规耕作产量持平或略高的基础上，节约投入 100~150 元/亩。

开展耐（抗）重金属污染的麻类作物品种筛选与示范。在重度、中度、轻度三类重金属污染麻园种植红麻，产量均达到了我国南方红麻产区 200~250kg/亩的高产水平；严重污染地区新植中苎 1 号麻园的当年产量和次年头麻产量可分别达到 71.8~74.3kg/亩与 84.8~86.3kg/亩，与同期清洁土壤没有显著差异；而且原麻中重金属含量均控制在欧美关于纺织原料中镉（Cd）限量（20mg/kg）的标准范围内，实现了重金属污染土壤的农业安全与高效利用的目标，技术简便、方法易行，在广大重金属污染地区具有极其广阔的应用前景。

3. 麻类作物盐碱地栽培技术研究

开展了盐碱胁迫下亚麻快速生长期的营养吸收规律研究及抗逆栽培技术试验示范。研究发现，在中性盐胁迫处理下，亚麻根和地上部 K^+ 和 Na^+ 都显著增加，而 Ca^{2+} 和 Mg^{2+} 均有不同程度降低；在碱性盐胁迫下，亚麻根和地上部 K^+ 显著提高，而其他 3 种离子均降低。在此基础上进行盐碱逆境栽培调控技术试验，建立起一套适合吉林西部小苏打盐碱土（含盐量 0.31%、pH 值 8.2）的栽培措施，原茎产量达到 302.12kg/亩。

研究了外源 NO 供体硝普钠（SNP）对 NaCl 胁迫处理下亚麻过氧化物酶（POD）、超氧化物歧化酶（SOD）、脯氨酸和 MDA 含量变化特征，探讨了外源一氧化氮（NO）在亚麻盐胁迫中的生理调节作用。对亚麻苗期进行了盐胁迫和碱胁迫，研究了其对亚麻营养吸收的影响，并对12个亚麻品种进行了筛选，采用施地佳、菌肥、磷石膏和种植密度等4个因子的正交试验进行了逆境栽培调控技术研究。其中，使用菌肥78kg/亩、磷石膏200kg/亩效果最佳。

（七）麻类作物轻简化栽培技术研究与示范

1. 苎麻

集成田间株行配比、头麻化学除草、收获前脱叶等技术，配合4LMZ-160苎麻收割机，提出的农机农艺结合轻简化栽培技术，较好解决了联合收割机履带行走对麻苗的影响问题，配施复方脱叶剂（2 000mg/kg的乙烯利+0.5%尿素+2%磷酸二氢钾），48h内脱落率可以达到80%以上，每亩节约除草、人工脱叶用工3~4个，增效200元。

加强苎麻收割农机农艺结合研究，苎麻种植方式配合4LMZ-160苎麻收割机农艺的要求，改苎麻垄作为平作开沟的种植方式，提高了苎麻植株的一致性，结合收割机种植合适的株距和行距。通过田间试验表明，收割机切割率可达到92.3%，输送率可达到83.5%，平均生产率为0.25hm^2/h，各项性能指标均可达到机械化收割的要求，且苎麻收割后后季苎麻机械压损率小于3%。人工收获和机械收获两种种植方式的苎麻产量无显著差异。

2. 亚麻

初步探明了水分胁迫对亚麻根茎叶微观结构的影响以及免耕对土壤酶活性、土壤养分、干物质积累的影响规律。明确了免耕覆盖亚麻田耕层土壤的保温效应、保水效应、微生物变化、土壤酶活性、杂草生长的特征，以及水分和干旱胁迫对亚麻生长形态和生理特征的影响。与机械制造企业合作设计试制出亚麻免耕播种机1台，并在湖南沅江等地进行了机械化播种试验。在云南楚雄州进行了亚麻轻简化栽培技术示范，示范面积15亩，免耕田原茎亩产710.52kg。在新疆昭苏、黑龙江黑河和牡丹江等地示范机械化收获雨露沤麻技术，其中，新疆昭苏亚麻原茎亩产量430kg，干茎制成率72%，出麻率31.21%。

3. 黄/红麻

建立了一套黄麻轻简化栽培技术。该技术以一次性施肥（施用基肥复合肥30kg/亩+尿素10kg/亩）、覆盖地膜为特点，采用穴播方式，达到了不间苗、不追肥、不除草的目的，显著地节省了劳动力成本。其中，黄麻原麻产量为446.1~490.2kg/亩，较对照增产6.10%~9.82%，节本增效450元/亩。

形成一套红麻轻简化栽培技术，红麻原麻产量为494.2~517.8kg/亩，正常管理（对照）条件下，红麻原麻产量为482.5~456.7kg/亩，处理组比对照组增产7.32%~

9.57%。其中，以红优 2 号产量最高。利用地膜覆盖法的红麻轻简化栽培技术可以增加原麻产量，同时可以有效降低田间管理劳动强度，经测算，可以节约成本约 500 元/亩。

4. 工业大麻

采用集成免耕技术、除草技术、间苗技术等措施，在安徽、山西和云南等地开展了工业大麻轻简化栽培技术优化试验示范，初步提出了工业大麻专用脱叶剂及使用方法。研究表明轻简化栽培技术可在保持工业大麻原麻产量与传统栽培技术无显著差异的基础上（干皮产量 189.2kg/亩），实现每亩节本 160~300 元；每亩使用 0.5L 40% 乙烯利，在工业大麻收获前 1 周左右喷施有较好脱叶效果。

5. 剑麻

开展了主产区剑麻覆盖种植技术、水肥药一体化技术、轮耕技术等研究，并进行了全程机械化耕作示范。提出了利用覆盖蔗叶和麻渣混合覆盖的栽培技术，较不覆盖可增产剑麻叶片 39% 以上，并显著高于塑料地膜覆盖；采用 2 条管道剑麻小行间滴灌水肥药一体化技术，可较对照增产 2.5 倍以上；采用机械化施肥方式，年施生物配方肥 300kg/亩，可较常规作业节省人工成本 400 元/亩以上，且产量增加 6.63%，有效减轻斑马纹病为害。

（八）可降解麻地膜生产与应用技术研究与示范

1. 可降解麻地膜配方优化和生产工艺改进研究

从机械性能、保温性、透湿性、透光性、热稳定性、降解性能等方面，研究麻地膜特性，改进制作工艺和应用方法。在湖南省、湖北省、黑龙江省、江苏省、安徽省推广应用麻育秧膜水稻机插育秧技术，累积推广 450 万亩。在湖南省岳阳市举办麻育秧膜水稻机插育秧技术现场展示和技术培训，并在湖南省、湖北省、黑龙江省、江苏省、安徽省多地进行技术培训，累积培训技术人员 160 人次。

进行了麻育秧膜水稻机插育秧技术及增产机理研究，两个不同地区的早中稻试验表明，秧盘垫铺麻育秧膜可以显著提高秧苗素质，且育秧肥 50% 混施 + 50% 撒施的施肥方式育秧效果最佳。还在湖南长沙、沅江等地开展了可降解麻地膜覆盖栽培增产机理研究和应用技术研究，结果表明，覆盖麻纤维膜能显著提高莴笋、大豆等作物的产量和品质，且麻纤维膜在土壤中能很好地降解，但在杂草防控能力方面还有待加强。

在引进、消化吸收"基于多糖和植物纤维制备可降解液态地膜的方法及应用"技术的基础上进行创新发展，研发出了基于麻纤维与麻秆碎屑的液态地膜 4 个、麻基膜种膜片 1 个，进一步丰富了麻地膜产品体系和生产技术体系。比较了棉花纤维和苎麻纤维在液体中的分散特性，并分别利用苎麻纤维碎末、黄麻麻骨碎末和红麻麻骨碎末等不同材料试制液态地膜，研究了各类地膜的特性。分别以壳聚糖、海藻酸钠为主要成分，配合麻纤维试制出不同种类的液态地膜，研发出了基于麻纤维与麻秆碎屑的液态地膜配方，初步确定了有效配方和使用规范。

2. 麻育秧膜水稻机插育秧技术应用试验示范

研究了麻育秧膜对水稻机插秧苗根系呼吸代谢酶活性的影响特征，表明秧盘垫铺麻育秧膜提高了秧苗根系的 ADH 酶活力，增强了有益无氧呼吸酶和有氧呼吸酶的活性，降低了有害无氧呼吸酶的活性，从而有益于秧苗生长发育，提高秧苗素质。开展了麻育秧膜轻量化育秧技术研究，探索出一种利用窝孔盘培育质量轻、规格大、素质优良的水稻机插毯状秧苗的育秧方法。

在黑龙江省富锦市、密山市和兰西县开展了麻育秧膜水稻机插育秧技术应用试验示范，验证麻育秧膜在黑龙江地区平盘育秧中的应用效果。通过调查秧苗素质、根系盘结情况、分蘖动态、产量及其构成，发现麻育秧膜水稻机插育秧不管是相对于普通的平盘育秧还是钵形毯状育秧均具有较好的增产效果。

此外，还与黑龙江农技推广中心、黑龙江农垦局 852 农场、湖北省农业科学院、浙江萧山黄红麻试验站、江苏农垦等地方农业部门合作开展麻育秧膜水稻机插育秧生产示范，总计示范面积 5 万亩以上，2014 年湖南省、湖北省、浙江省地方政府大力推广该技术，总计推广应用面积达 150 万亩，取得了极为显著的社会经济效益。"麻育秧膜研制及其在水稻机插育秧中的应用"，经农业部科技发展中心组织评价为国际先进水平。

（九）麻类作物收获与剥制机械的研究和集成

1. 苎麻收获机械研制

对苎麻收割机进行了进一步优化设计、改进、试制、试验。通过对切割功率试验结果的方差分析发现，切割线速度和动刀组数是影响切割功率的主要因素，其次是刀片长度对切割功率也有一定影响，最后茎秆喂入速度、刀刃类型和切割线速度/茎秆喂入速度交互作用对切割功率的影响不显著。通过遴选切割功率最小最优的组合（切割线速度慢、采用双动刀切割以及使用短刀片），对苎麻收割机各总成的设计进行了优化。其中，与 2013 年相比，卧式拨禾轮作了较大的改动，取消了偏心拨禾装置，加长了拨齿，并改变了拨齿的角度，强化了扶禾效果。在对苎麻成熟期底部茎秆的机械物理特性参数和切割器进行大量研究的基础上，优化了各运动参数，试制了一台新样机并进行了田间试验，提高了收割机对头麻和二麻收割的适应性。

在此基础上，2015 年开展了苎麻收割机总成设计和运动参数优化研究。采用立式拨禾轮和卧式拨禾轮相结合的设计，卧式拨禾轮采用偏心拨禾装置，拨齿始终保持铅直方向，加长了拨齿，并改变了拨齿的角度，强化了扶禾效果。由理论切割参数，调整液压比例阀,使得液压传动后切割和行走速比接近理论值1.5106,切割和输送速比接近0.3291,优化试验样机达到理论参数。机具试制完成后分别于5月在湖北省咸宁市向阳湖镇进行了试验和可靠性考核。试验表明,本轮设计的苎麻收割机切割装置的结构与形式是可行的,强制输送效果较好,切割参数的改变对样机的性能产生了正面的影响。与2014年的样机相比,经过参数优化的样机,生产率提高了11.7%,损失率下降了14.6%,整体输送流畅度有了大幅的提高。

2. 大型麻类剥麻生产线研制

开展了大型苎麻剥麻机生产线(剥麻部分)性能试验、检测与改造工作。研制成功的6BMH-180型大型苎麻剥麻生产线的样机性能已经满足苎麻纤维剥制的需求。2014年,在大型苎麻剥麻机生产线性能试验基础上,分别委托湖南省农业机械鉴定站和农业部麻类产品质量监督检验测试中心对样机性能和剥麻质量进行了检验。结果表明,该机剥麻生产率达到113kg/h,样机性能指标和剥麻质量均达到设计要求和国家标准。另外,筛选出了轻便型苎麻纤维剥制机械,鲜茎出麻率5.56%,剥麻工效可达14.0kg/h,原麻含杂率0.73%。

开展大型红麻鲜茎分离机械的集成研究。首次采用了茎秆揉搓机构和麻骨梳理机构二级分离。研究设计的新一代大型红麻剥皮机4BM-780型,具有较高的剥麻工效,同时还能一机多用剥制多种麻类作物。研制的新一代4BD-400型大麻剥皮机,样机的鲜茎出皮率为10.90%~21.36%,剥净率为61.50%~78.33%,生产率为108.67~174.22kg/h,纤维强度为4.90~5.61cN/dtex,可实现大麻鲜茎的皮骨分离。

根据红麻鲜茎剥皮机关键技术及关键机构设计,提出大型麻类作物鲜茎剥皮机样机的设计方案,并试制出4BM-780型剥皮机样机。该机包括茎秆揉搓机构和麻骨梳理机构二级分离部件,样机主要由原料输送机构、茎秆喂入装置、茎秆揉搓机构、麻骨梳理分离机构、纤维输出装置、传动系统、机架以及传动系统等组成。5—11月,分别利用苎麻、大麻、红麻鲜茎进行了剥制试验,确定了相应的调速参数。

(十)麻类生物脱胶与新产品加工技术

1. 生物脱胶技术与工艺研究

从麻类脱胶富集液中分离、筛选出15个具有麻类脱胶功能的菌株。同时,通过基因操作方法,构建基因工程菌株7个(包括多基因共表达体系)。从麻类脱胶高效菌株DCE01以及木聚糖酶高产菌株BE91克隆出果胶酶、甘露聚糖酶和木聚糖酶基因,通过基因串联方式重组质粒并导入DCE01菌株表达,其胞外酶活分别提高0.8倍、29.1倍、23.9倍。应用DCE-01菌株同一培养液对6种麻类农产品(以麻类为主的纤维质农产品）进行的生物脱胶系统试验表明，采用酸水解方法彻底水解生物脱胶纤维后进行了葡萄糖、果胶和酸不溶物含量色谱分析，结果与常规方法（现行国家标准）分析的果胶、木质素（酸不溶物）含量相差无几。继续加强"高效节能清洁型苎麻生物脱胶示范工程"的技术培训与示范，将湖南广源麻业有限公司扩建为年产生物脱胶纤维10 000t，江西井竹实业有限公司扩建为年产生物脱胶纤维8 000t。江西井竹实业有限公司经济效益初步测算，该技术增收节支可提高盈利率60%左右。

继续开展麻类脱胶菌种选育与生物脱胶工艺优化研究。从海南试验基地和三亚南繁科学技术研究院获取了红麻、菠萝麻腐殖质和椰壳堆肥等有特色的微生物基质样品，通过富集培养、分离、纯化，以及形态特征、生理生化特征及16SrDNA鉴定，筛选出102株具有植物胶质降解功能的微生物菌种，隶属16属25种。利用基因工程技术构建菌株，从麻类脱胶高效菌株DCE01中克隆出一个果胶酶基因Pel325，重组到表达载体pET－28a中，在E. coli BL21（DE3）中成功表达。进一步开展了束纤维麻类原料生物脱胶技术研究，对罗布麻以及黄麻的生物脱胶发酵条件进行了系统优化，以无菌和加碱处理为对照，比较了不同条件下的纤维失重率、COD。在浙江、湖南等地开展了红麻黄麻工厂化生物脱胶技术试验示范工作，麻类生物脱胶发酵周期≤8h，苎麻、红麻、黄麻、大麻韧皮脱胶制成率依次为69%、56%、55%、62%；苎麻或大麻韧皮脱胶的NaOH用量减少96%，标煤用量比常规方法减少68%，从源头上减轻污染量58%。

2. 纤维性能改良与加工技术研究

完成了《苎麻纤维细度的测定（气流法）》和《精细化亚麻纤维》两个国家标准的制定。开展了纤维性能与成纱质量关系的研究、苎麻长度改良技术开发、苎麻氧化处理及改性技术研究、亚麻生物酶脱胶及纤维成分与性能的关系研究、苎麻纤维多糖组成分析和应用研究、包缠纺改善苎麻织物的毛羽及刺痒感研究、麻类纤维长度等几何性能与成纱性能关系的研究、苎麻环保水性油剂的研究、苎麻纤维的NMMO改性实验研究等工作。开发出了苎麻氧化脱胶中纤维素保护与稳定剂选用技术、棉型苎麻牵切纺纱技术、苎麻包缠纺纱新技术。

继续开展麻类纤维性能评价与改良研究。开展了基于特征指标选择方法的苎麻纤维成纱质量的预测，建立了苎麻纺纱各工序性能指标的预测模型；研发了包缠纺改善苎麻织物刺痒感技术和单面压缩测试方法，对湖南广源麻业有限公司、株洲雪松麻业有限责任公司和江西井竹实业有限公司等麻业公司的苎麻常规纺纱和包缠纺纱织物产品的刺痒感进行了评价；开展了苎麻氧化脱胶中纤维素保护技术生产性实验研究，表明在氧化脱胶时加入蒽醌能阻止一部分纤维素剥皮反应，提高苎麻纤维中纤维素的聚合度，从而提高纤维的强伸性能；开发了亚麻/涤纶/腈纶湿纺混纺新产品，改善了成纱的柔软性和条干均匀度，其耐磨性、悬垂性、抗皱性均优于纯亚麻织物，并保持了亚麻织物良好的透气性和透湿性，具有较好的织物服用性能；开展了红麻粉/PP复合纤维的制备及基本性能的研究，成功制成复合纤维纱线，并表明红麻麻粉的填充可使复合纤维表面润湿性能、吸放湿性能、断裂强度得到明显改善；另外，还开展了苎麻胶质多糖组分化学性能分析、苎麻纤维和半纤维素对纤维性能的影响、纤维弯钩形态对条干不匀的影响等研究。

3. 纤维质能源加工技术研究

优化了F1-1和FY-4等菌株的产酶优化参数，使F1-1纤维素酶发酵酶活性达到646.53U/ml。通过F1-1固体培养基成分优化试验发现，葡萄糖浓度升高不利于F1-1菌株的纤维素酶活性提高，而纤维二糖和木糖浓度的适当提高有助于提高该菌株的纤维素产酶活性。FY-4产酶培养基优化试验表明，适当的葡萄糖和酵母粉浓度（0.6%）可以得到较理想的酶活效果；麦麸和玉米粉在1.2%时具有较为良好的发酵酶活效果，其中，最高的酶活可以达到793.14U/ml。通过克隆F1-1菌株的ITS序列，初步证明该菌株为 *Bacillus* 属。通过同源菌种的同源基因序列设计引物，初步克隆到β-1，4葡聚糖酶基因序列，片段长度大约为1 200bp。

获得了木糖、葡萄糖和基本培养基转录组数据共3套，总数据量12G；获得差异表达基因数>1 670个，验证基因表达数量11个；初步选出EC_2.2.1.1酶基因为木糖和葡萄糖代谢交互影响的候选基因。

对比了毕赤酵母CBS菌株先后处理木糖、葡萄糖及混合糖的发酵状态，进一步研究其戊糖、己糖共发酵的性能，初步明确其发酵前提，初步形成一套以毕赤酵母CBS菌株为基础的、较为高效的戊糖己糖共发酵技术，能在48h内快速完成发酵10%木糖葡萄糖混合糖分含量的发酵液。开展了剑麻渣水微生物多样性分析及皂素转化微生物筛选，初筛获得7株剑麻皂素转化菌株。

第三章 我国麻类产业发展的主要问题

我国是世界上麻类资源最丰富的国家之一，我国麻类产业极具特色。但由于长期缺乏创新资金投入、产品市场依赖出口、政策扶持缺位等因素，导致麻纺行业波动较大。一方面，麻纺行业在我国属于外向型行业。我国大多数麻类产品的原材料都从他国进口，且麻类产品的销售又以出口为主，近几年出口比例甚至达到90%。这意味着我国企业所产麻类产品尚未完全打开国内市场，许多老百姓较熟知棉、丝、化纤等纺织产品，而对麻类产品并不熟悉。这就意味着麻类行业在国内市场仍然存在很大的拓展空间，并且麻类行业也容易受到贸易壁垒、金融危机等的影响，具有一定的被动性。另一方面，我国麻类产业在技术创新上还有待加强，纺织企业在产品结构上过多模仿棉、丝等制品，或在设计上随波逐流，过分地去效仿其他纤维制品，这样会使麻制品独有的优点得不到凸显。整个麻类行业产业链中各方的角色没有得到互相协调，产业升级缓慢。

为梳理麻类产业从科技创新、市场运作到政策保障的主要问题，促进麻类产业生产与环保协调、成本与市场份额协调、资本结构与运作协调，本章从技术、产业链及政策角度进行总结，以期为麻类产业技术研发及产业链升级提供依据。

一、麻类产业链的主要问题

（一）种植业与加工业分离现象仍然存在

当前，麻类产业种植业和加工业处于分离状态，各级政府没有制定、出台相关工业反哺农业的优惠扶持政策。企业在利益最大化的驱动和国际市场形势不为乐观的情况下，采取了压低原麻收购价格以维持效益的方式，进一步加剧了工农业的不协调。原麻收购价格逐年走低，种麻效益下降，种麻收入无保障，麻类与其他作物的比较效益下降，种植面积逐年减少，最终导致了麻农弃麻毁麻、企业无麻可纺的恶性循环，严重影响了麻类产业的健康稳定发展。

（二）科研与生产脱节问题没有彻底解决

麻类是我国传统的特色纤维作物，一直沿用手工方式收获，机械化作业程度低，生产成本过高。在加工过程中，仍沿用烧碱煮炼、水沤洗等传统脱胶方法，水量消耗过大、环境污染严重、麻纤维制成品率低和资源消耗大，导致效益不高。技术研发工作主要由科研单位完成，尤其是国家麻类产业技术体系的建立，储备了一批高效的技术。但是企业迫于当前低迷的产业形势和缺失的扶持政策，引进、消化新理念新技术的能力和投资积极性不断下降，科研与生产脱节的问题依然严重。

（三）原料依赖进口但市场议价无力

多年来，国内亚麻纺织企业60%的原料依赖进口，而企业在欧洲和埃及等亚麻原料地区和大国采购又都是"单兵作战"，在目前全球亚麻原料产量不断下滑的情况下，这种采购方式直接导致了原料价格越来越高。而我国的亚麻产品销售90%依赖出口，这不仅使企业的经济效益随国际市场波动较大，而且造成企业为了开拓海外市场竞相压价的局面。虽然我国的亚麻产品出口额逐年攀升，但整个行业的效益却没有提高，一些企业甚至面临生存困难。

（四）内需市场较小且外贸依存度过高

长期以来，我国麻类产业的出口依存度较高，麻类产品长期以外销为主，而麻类半成品、制成品等高附加值产品市场长期被日本、韩国和中国沿海地区的商家所垄断，中小麻纺企业的苎麻产品开发和生产处于被动地位，且国内市场开发不足，内需较小，国内销量占麻类总体销量的比重较小，国内市场销售仅限于麻纺企业之间原料或初级产品的交换，市场拓展受到一定局限。

（五）市场集中度低导致价格波动剧烈

我国麻类产业整体上的市场化集中程度较低，技术水平较为落后，尤其是在麻纤维产品生产流通方面。目前，国内仍然没有一个技术水平先进、市场集中程度高、辐射范围广、规模庞大的麻产品集散中心。联系麻农与麻纺企业之间贸易往来的纽带大都是依靠个体商贩来维持的。而且麻类市场体系也不规范，这直接导致麻类产品价格不稳定，很容易受到市场因素的影响，从而导致原麻产品的价格起伏不定甚至大起大落。有不少不法商贩哄抬原麻价格，导致原麻价格上涨而从中牟取高额利润，严重影响了麻农的抗风险能力和麻类加工企业经营秩序，进而阻碍麻类产业的健康发展。

（六）麻纺行业自律与管理水平不足

目前，麻纺行业自律水平低，内部恶性竞争加剧。一些亚麻加工企业之间在原料、生产基地等方面难以达成共识而导致恶性竞争。这直接或间接导致亚麻原料加工厂、亚麻种植户信用不及格。订单和合同有时候也难以约束这种恶性竞争，从而导致打成麻价格上涨。亚麻纺织企业在管理体制上也存在不少的问题，企业内部摩擦不断，企业缺乏长远目光，为了短期利益而进行价格竞争，导致企业经济效益下滑，严重损害了行业利益。苎麻产业多以小型劳动密集型企业为主。这些企业没有或很少引入现代企业管理模式，管理无标准、不规范，一切以人的主观意志为准，这也影响了苎麻产品的质量。

二 麻类产业技术的主要问题

（一）麻类机械化生产技术有待实现突破

一些制约我国麻类产业发展的关键技术难题得不到根本性解决，与世界发达国家相比，我国麻类生产技术还相当落后。发达国家麻类（主要是大麻、亚麻和剑麻）生产的主要特点是高度集约化和机械化，从耕整地、播种、病虫害防治到施肥、灌溉和收割、剥制等方面实现了机械化，生产效率高，由此而得到的经济效益也远远高于我国，其中的原因不仅仅是麻类品种差异和规模化生产，还主要与我国缺乏先进适用的技术和麻类收获加工机械直接有关。由于麻类收割、剥制作业本身的特殊性，导致了机械化技术难度大。如苎麻的自动夹持反拉剥麻和纤维输出这些关键技术很难突破，导致已剥纤维的"鼠尾"现象难以解决。此外，国内现有的黄/红麻、大麻收剥加工机械技术性能也有待进一步提高。

（二）麻类综合利用技术尚未配套

在我国，90%以上的麻类副产物被遗弃（麻骨、麻叶和麻屑等），如苎麻是我国的特色经济作物，纤维一直是其主要的用途，然而苎麻纤维不足生物量的18%，其余部分未能得到充分利用。实际上，麻类作物经机械化收获后，可将麻骨、麻叶和麻屑等副产物用作青贮饲料、食用菌基质、麻颗粒板和饲料产品的原料等，以拓展麻类作物的发展空间。此外，麻类脱胶的成本高，环境污染严重；麻类纺织设备差、工艺落后，麻纺技术没有突破，纺纱装备仍沿用 20 世纪 90 年代的技术，麻编织品出口仍为初低级产品，技术含量低、附加值低、经济效益差；我国麻业体系力量分散、条块分割的状况依旧，仍未形成产学研、科工贸紧密结合的一体化结构。

（三）麻纺纤维制品的品种相对匮乏

目前，存在最为突出的问题是我国麻纺纤维制品的品种相对匮乏，与发达国家麻制品的应用开发品种相比远远不足。麻制品的渠道、产品、设计创新性差。麻纺企业在开发产品的过程中与终端服装企业的合作不多，很多开发设计都是麻纺企业自己包揽。尽管麻在纺织品纤维中是一个很重要的门类，然而所占的比例并不高，不论是麻产品还是麻制品工艺都有待开发。在麻纺行业从业者看来，一个不容回避的事实是：目前国内麻纺企业大多处于低水平的加工阶段，出口也以原材料产品为主，产品附加值不高，产业有待进一步升级。

（四）环保高效脱胶工艺更新缓慢

苎麻含有 30% 左右的胶体物质，需要经过脱胶和环保处理，企业面临的环保压力以及工艺和设备的落后是制约苎麻纺织工业发展的主要瓶颈。

苎麻中含有胶质成分和纤维素，利用这些成分对氧化剂、无机酸和碱的稳定性存在差异的特性，在保留纤维素成分的同时去除其中的胶质成分，从而达到脱胶的效果。但是，这种脱胶技术存在很大的局限性，脱胶成本高、耗能大、效率低，而且还对环境产生较大的污染。因而，这一脱胶工艺还需要进行较大的改善才能被广泛应用开来。

近年来，从中央到地方各级政府都非常重视环保减排工作，加大了对环保加工的监管。污染治理能力成为麻纺企业发展的一个关键因素。尽管我国有些企业在这方面进行了科研攻关，改进脱胶技术，减少了污染物的排放量，但因利润微薄，举步维艰。另外，我国麻纺织业是以中小企业为主的市场竞争性行业，布局分散。这些小规模企业资金不足，面临高额的污水处理成本，无法对排放的污水进行综合处理达标排放，面临被停产关闭的风险。麻纺企业的数量将不断减少，制约了苎麻产业的可持续发展。

（五）纺织工艺及加工设备创新动力不足

虽然我国麻纺加工量较高，但主要以初级产品为主，附加值低，且麻类产业链不长，价值链短，大多只停留在麻棉混纺纱线的生产和纯麻纱、坯布的初级生产上，多领域、多用途的苎麻产品开发滞后。此外，我国大部分麻类企业对产品深加工技术的研究与开发认识不足，一方面表现在科技创新能力不强，研发投入积极性不高，产品加工技术开发与新产品研发投入较少；另一方面表现在企业发展观念相对陈旧，不愿与人合作，企业小富即安的思想相当浓厚。以上因素导致我国出口创汇的苎麻产品主要以半成品为主，如坯布和精干麻，因而在国际国内市场中处于劣势地位。

三 麻类产业政策的主要问题

（一）我国麻类产业政策现状

1. 麻类种植环节

在国家层面，2001年2月26日，农业部明确规定了国家主要农作物的范畴，其中，麻类就是16种主要作物之一。政策出台后几年内，麻类的种植面积呈上升的趋势。在随后的几年内，相应的地方政府相继颁布了适合当地麻类植物种植的政策。2005年8月19日，《中华人民共和国农业税条例》规定棉花、麻类、烟叶、油料、糖料和其他经济作物的收入免征农业税。2008年，《中华人民共和国植物新品种保护条例实施细则（农业部分）》指出农业植物新品种中包含麻类。2009年5月25日，农业部办公厅关于印发《国家补贴机具编号规则》的通知中指出麻类作物收获机享受国家补贴。2012年12月31日，国务院办公厅印发了《全国现代农作物种业发展规划（2012—2020年）》，把麻类视为重要经济作物。

在地方层面，2004年3月，云南省确定17类农产品作为优势农产品，优先规划重点培育，其中包含麻类作物。2006年，云南省腾冲县提出"十一五"的七项农业工作目标，其中，规定麻类，以亚麻为主，充分利用冬闲田地，实行规模化种植，向最适宜区集中，大力推广亚麻，在群众自愿的基础上，保证加工企业的原材料供给，到2010年，推广种植麻类6万亩，在规模种植区配套建设麻类粗加工生产线三条。2008年江西省地税局优惠政策支持灾后重建，对麻类等作物的种植免征企业所得税。近几年内出台类似免征企业所得税政策的还有河北省、安徽省、甘肃省陇南市等。

2. 加工贸易环节

麻纺织加工行业属于我国传统纺织行业，尽管在整个纺织产业链中，麻纺所占的比重较低，但近年来，呈现出稳中有进并且快速增长的势头。我国麻纤维加工量占全世界的12%，现已成为世界麻纺织大国。完整的产业链也已经建立，产业链的基本结构大致为"原料种植—纤维生产—纺纱—织造—印染"。随着麻类纺织加工行业的发展，我国关于麻类加工方面的政策体系也逐步确立，优惠政策、环保政策相继出台。

早年，麻类纤维质量就得到政府的重视。1993年8月20日，国家技术监督局、农业部、国内贸易部、中国纺织总会、国家工商行政管理局联合发布的《关于加强麻类纤维质量管理与质量监督的通知》(以下简称《通知》)中明确规定,在麻类市场经济活动中,交易双方均应执行《苎麻》《熟黄/红麻》《纤维用亚麻原茎》《纤维用亚麻雨露干茎》等国家标准。《通知》中还对麻类收购站、麻纺企业、专业纤维检验部门关于麻类收购、加工、检验的相关标准规则进行了详细规定,为麻纤维交易活动的规范化和交易质量的提高提供了政策支持。

2002年11月6日,国务院办公厅印发了《关于促进农产品加工业发展的意见》,将麻列为农产品加工的重点对象。2005年7月1日正式颁布实施专门针对麻类纤维质量管理的《麻类纤维质量监督管理办法》。这一管理办法的颁布实施是我国麻类纤维质量监管的一个重要里程碑,标志我国麻类纤维质量监管体系基本确立。

2008年11月20日,财政部、国家税务总局发布的《关于发布享受企业所得税优惠政策的农产品初加工范围(试行)的通知》中指出享受企业所得税优惠政策的农产品初加工范围包括麻类初加工。通过对各种麻类作物(工业大麻、黄麻、槿麻、苎麻、苘麻、亚麻、罗布麻、蕉麻、剑麻等)进行脱胶、抽丝等简单加工处理,制成的干(洗)麻、纱条、丝、绳,可享受优惠政策。

2009年12月7日,财政部、国家税务总局联合发布的《关于以农林剩余物为原料的综合利用产品增值税政策的通知》中规定,对销售以利用包括麻类秸在内的农作物秸秆等为原料自产的综合利用产品,由税务机关实行增值税即征即退办法,具体退税比例2009年为100%,2010年为80%。

2011年5月11日,财政部、国家税务总局发布《关于享受企业所得税优惠的农产品初加工有关范围的补充通知》,其中,明确规定纤维植物加工和麻类初加工属于享受企业所得税优惠政策的农产品初加工范围。

2012年4月6日,财政部、国家税务总局发布《关于"十二五"期间进口种子(苗)种畜(禽)鱼种(苗)和种用野生动植物种源税收问题的通知》,明令海关总署为支持引进和推广良种,经国务院批准,在"十二五"期间对进口种子(苗)、种畜(禽)、鱼种(苗)和种用野生动植物种源免征进口环节增值税,其中,免征进口环节增值税的种子包括麻类种子。

2012年12月17日国务院关税税则委员会发布的《关于2013年关税实施方案的通知》中公布了2013年的关税执行标准。在中国麻纺行业协会及会员单位的多方努力下,从2013年1月1日起,亚麻打成麻和短纤维进口关税(53012100、53013000)均将执行1%的关税税率,这为亚麻行业的发展提供了有力的政策支持。

我国麻类贸易进出口政策起步晚,发展迅速,综合利用各种税收优惠政策,能够降低我国麻类产品的成本，从而提高麻类产品在国内国际市场的竞争水平，有力地推动了我国麻类产业的健康快速发展。

（二）我国麻类产业政策主要问题

1. 贸易壁垒高筑，绿色认证障碍

我国加入世贸组织后，尽管对我国麻类产业的配额限制已经取消，但是麻类出口产业仍然面临很大的贸易壁垒。由于欧盟国家在服装制造领域建立了生态标签以及生态纺织品认证两种绿色认证技术标准，欧洲国家在产品技术、产品标准以及绿色生产等方面采取了一系列保护贸易措施，限制了中国麻类产品的出口。

2. 麻类企业体量小，抵押融资难度大

目前，商业银行信贷管理体系在一定程度上加剧了苎麻生产加工企业融资问题。一方面，商业信贷的审批手续十分复杂烦琐，无法解决苎麻企业短期内对应急资金的需求；另一方面，商业银行的贷款考核制度十分严格，银行为了规避风险，会在很大程度上限制苎麻企业的融资额度。依据现有的信贷管理政策，贷款需要提供必要的抵押担保，但是大部分麻类生产企业都难以提供满足要求的有效抵押物。而且商业银行为了控制不良贷款数额，对中长期贷款以及企业技改贷款更加严格。由于银行贷款门槛高，麻类企业资金需求问题难以单独依靠银行贷款来解决。没有足额的资金支持，麻类企业在产品创新、技术改进方面都会遇到不少困难，所生产的产品缺乏竞争力。

3. 扶持政策缺位，企业效益下降

麻类种植长期缺乏补贴，缺乏工业环节对农业环节的反哺政策，种植业的补贴主要在农机具方面。一方面与其他作物的比较效益下降，另一方面效益分配的结构性问题越来越突出，从而导致麻类种植面积不断下滑，原料供给能力严重不足，企业无麻可纺的现象越来越多。目前，在我国中南地区重金属污染耕地的种植结构调整中，有以项目带动进行补贴的做法。但其核心是针对耕地而非麻类，同时仍属于短期政策，长期有效的扶持政策仍然缺位。

在进出口方面，以亚麻为例，我国对亚麻产品实施出口退税政策，但亚麻纤维和纱线等原料的进口关税对企业生产成本的影响不断加大。近年来，亚麻原料进口价格大幅上涨，同时推动国内亚麻原料价格上涨，使得亚麻加工企业面临越来越大的成本压力。受国内劳动力、农资等成本攀升影响，我国目前亚麻原料生产竞争力不足。在这种情况下，若取消亚麻进口关税，亚麻原料进口量必将进一步加大，会对国内亚麻的种植和生产产生很大冲击。国家在出口退税政策中考虑退还企业亚麻原料进口关税，将有利于减少亚麻原料进口价格上涨对企业成本的影响，保持亚麻加工企业的市场竞争力，同时又可以避免亚麻原料进口关税的下降对国内亚麻种植业的冲击。

第四章 我国麻类产业发展趋势与建议

一 麻类产业的发展特征与趋势

(一) 麻纺技术创新和麻类多用途产业化应用

麻类多用途开发利用不断加深,近年来,麻类在用作饲料、水土保持植物、食用菌培养基质、生物能源、制浆造纸、麻炭、环保型麻地膜、麻塑材料、菜用和药用等方面的应用推广逐步向产业化方向发展。尤其是麻类作物副产物饲料化与食用菌基质化技术上的突破,为麻类作物的种植效益提升、草食动物养殖与食用菌栽培成本的降低等方面提供了有力的技术支撑。麻类作物多用途方面,将进一步加深副产物饲料化等方面的产业化应用与示范。

在过去的几年中,麻类制品在国内不受大众青睐,我国麻类制品主要用于出口外贸,而这些产品大都是低加工产品。然而随着人们生活质量的提高,追求绿色环保理念日渐兴起,作为绿色环保生态产品,麻面料除吸湿性强、散热快、透气性好、不沾皮肤、抗腐抑菌、无静电、调节温度等特点外,还具有尊贵优雅、朴实无华、自然实用等风格。因此,麻面料日渐成为高级服装设计师手中理想的面料。也由此,"麻时尚"在中国市场逐渐升温,而消费者对麻制品品种需求逐步增长,麻类企业在顺应市场的过程中将不断推陈出新,麻类产品种类也将会不断丰富,产品趋向多元化。

目前,麻纺织企业多采用粗梳工艺和设备,整体配套能力弱。生产过程中产生大量麻粒,单机产量低下。企业采用化学脱胶方法消耗了大量能源和化工原料,增加了产品成本的同时造成了严重的环境污染。生产过程对麻纤维结构损伤严重,导致麻织物的手感、可纺性、染色色光和鲜艳度不佳。因此,麻纺织企业应当积极推动技术创新,提升工艺技术装备水平，抓紧开发研制新型轻简化、自动化的高效苎麻专用设备。麻纺织行业应与国内纺织加工企业联合，以国内外市场需求为导向，加快新型麻纺织工艺和纤维加工技术装备项目的研制，走产学研联盟的道路，促进麻纺织行业设备升级换代。只有提高产品加工工艺，才能彻底摆脱企业的落后面貌。

（二）麻类生产方式向生态与种植园模式发展

将生产方式向种植园模式转变，是解决农业与工业脱节问题的有效手段。通过麻类产业链的运筹布局，应用无污染脱胶技术等，将原料生产环节延伸到初加工环节，消除原料由企业单方定价、挤压农户利益的弊端，形成农业与工业合理分工的格局；或通过企业建设麻园和原料基地，保障稳定的原料供给，以原料生产和加工结合的方式，解决农业与工业脱节的问题，其中，以种养结合为特点的苎麻牧草规模化生产有可能成为一个亮点。

（三）市场推动技术革新与麻类产品多元化

机械化是当前我国农业发展的必然趋势。随着麻类产业的发展，传统的依靠单一农户种植的模式已难以为继，必须通过科技实现麻类作物发展的转型升级，包括利用现代生物技术培育新的优质或特殊品种，满足不同层次的多方面需求；发展大型麻类收获机械、适应山坡地的收获机械，实现麻类收获机械化；形成成熟的可大规模推广的生物脱胶技术，解决环境污染问题；发展苎麻生态种植园，组建各种麻类种植合作社，降低生产经营风险。

目前，我国麻类的收获技术过于落后，基本停留在20世纪80年代的水平，仍以手工为主。苎麻、黄/红麻等麻类剥制技术基本停留在手工或半手工操作阶段，劳动强度大、生产效率低；亚麻机械化程度稍高，但亚麻打麻机械工效不高，打制质量不佳，与发达国家麻类产品相比，我国亚麻的束纤维强力要低30%以上。随着我国经济的发展，劳动力成本还在快速上涨。然而根据调查统计，苎麻作物采用机械化剥制后，工效提高10倍左右，手工剥麻的收获成本在1 000元/亩左右，机械剥麻的收获成本在560元/亩左右，生产成本降低了44%，机械剥麻的苎麻纤维质量也能得到保证。因此，麻类企业为了获取更高的收益，高质高效的机械化生产必将逐步取代人工原始操作，日益增长的市场需求必定带来麻类产业的技术革新。

（四）麻类市场发展趋势分析

1. 国际麻类纤维需求将持续上升

麻纺织品具有环保、保健等天然特性。随着人们消费观念的转变，以及人们对绿色发展的进一步落实，麻纺织品在未来必将迎来广阔的发展空间。麻类纤维广泛用于纺织、轻工和装饰等行业，并随着人类环保意识的不断增强，世界麻类纤维产业用织物的需求量以每年15%~20%的幅度迅速增长。

2. 内需市场不断开拓

目前，麻类行业产品主要以出口为主，内外需比例严重失调。国内市场对麻类产品的需求也在不断增加，因而在外销遇到瓶颈的时候，麻类企业应该积极开拓内需，提高麻类产品国内消费的比重。这在一定程度上能够降低市场因素所导致的风险，增加企业抗风险能力，平衡企业的产业结构。要积极开拓内需，首先要建立创新型市场开拓理念，不断借鉴成熟产业内需开拓的经验。亚麻产业在开拓内需方面做得比较成功，因而其他麻类产业可以借鉴，建立麻类专项内需开拓基金，积极与欧美日等发达国家进行产品创新、技术研发等合作，共同引导麻类产业绿色生态发展，开拓国内市场需求。同时，加强建立自主型麻类产业品牌，不断进行产业升级，积极引导创新型技术的投入，不断提高麻类产业的竞争能力。

3. 麻类作物新功能不断开发

随着人们环保意识的增强和对麻类作物认识的深入，人类对麻类作物的新功能开发和多用途利用的力度将不断增强。

4. 产业发展新模式逐步建立

受劳动力价格上涨、对出口的依赖和环保要求越来越严等因素的影响，兼之苎麻生产没有整体规划、产业链利润分配机制不合理，严重阻碍了产业发展。"生态麻园创建"等新理念将不断加速集优质麻类种植、清洁化生产、高效加工、综合利用为一体的新型产业发展模式的形成，并逐步代替传统生产模式。

5. 麻类行业宏观规划初步形成

确保麻类产业的健康、快速发展，必须进行有效的宏观规划，包括产业链的规划、产品结构的规划、科技发展规划以及部分政策建议等。

6. 知识产权保护意识不断深入

以提高企业技术创新能力，搞好知识产权保护，特别是进一步做好海外知识产权保护这一工作思路作为企业发展、做大做强的立足点，鼓励科技人员积极开发新产品，大力提升产品附加值及品牌价值。

近年来，麻纺行业技术改造步伐不断加快，先进技术装备的投资不断增加。通过国内装备制造技术的升级和引进国外先进技术设备，行业整体装备和技术水平大幅提高。目前，亚麻纺织与国际先进水平设备的比重已达到60%以上，麻纺无结头纱率已达到70%，麻纺织无梭化率已达到60%以上。麻纺技术装备水平的整体提升，为全行业的经济运行和效益提供了良好的市场机遇与发展平台。

二、麻类贸易救济底线及措施

1. 我国麻类贸易救济现状

贸易救济就是指对外贸易领域或在对外贸易过程中，国内产业由于受到不公平进口行为或过量进口的冲击，造成了不同程度的损害，各国政府给予他们的帮助或救助。

在麻类产品领域，贸易救济措施主要由中国麻纺行业协会向农业部、财政部申请后在麻类种植、加工、进出口环节得到一定政策扶持。但这些措施主要是由麻类行业协会向上级主管部门申请后实施的，大部分属于短期的应急措施，不仅在实施过程中存在滞后性和片面性，并且没有形成系统性、制度性的麻类贸易救济长效机制。

2. 亚麻贸易救济底线与措施

虽然近几年我国亚麻种植面积出现回升，但仍然无法满足加工企业的需求，亚麻原料90%依靠进口。根据海关统计，2014年亚麻打成麻进口平均价格约18元/kg。根据麻类体系吉林亚麻试验站和大理亚麻试验站统计，亚麻种植户出售纤维用亚麻价格约12~15元/kg。

我国亚麻主要从法国、比利时和荷兰等国进口，进口价格高于国内价格，但由于国内种植面积萎缩，原料供给不足，导致加工企业必须依靠大量进口国外高价亚麻原料。因此，在亚麻领域实施的贸易救济措施和贸易救济底线的确定应该以提高我国亚麻原料自给率为主要目标。

我国曾提出确保粮食安全口粮自给的底线是谷物保持95%以上的自给率，亚麻作为一种经济作物，这一标准显然是过高的。但为了给我国广大亚麻加工生产企业提供稳定的原料供应，目前不足10%的自给率远远不够。根据自给率达到60%计算，按每年约16万t亚麻原料的需求量，我国亚麻原料产量应达到9.6万t。为了实现这一目标，一方面要加强科技攻关，提升亚麻品种质量、产量和劳动生产率；另一方面需要对亚麻种植户加大财政补贴力度，提高种麻积极性。

3. 黄麻贸易救济底线与措施

我国黄麻原料有70%依赖进口，而其中又有90%以上来自孟加拉国。根据海关统计，2014年自孟加拉国进口的黄麻平均价格约为4元/kg。而我国生产的黄麻原料销售价格为2.5~5元/kg。

孟加拉国自然条件适合黄麻种植，劳动力成本相较我国也有优势。近年来，随着孟加拉国政府对黄麻种植和出口的补贴力度不断加强，孟加拉国对我国的黄麻出口将会对国内黄麻种植形成一定程度的冲击。因此，我国一方面应该对国内黄麻种植户提供财政补贴，提高黄麻种植积极性。另一方面也需要在孟加拉国过高的财政补贴使进口黄麻价格低于国内黄麻销售价格时采取相应的反补贴措施。

根据自给率达到60%计算，按照每年约14万t黄麻原料的需求量，我国黄麻产量应达到8.4万t。为了实现这一目标，同样需要从提高生产率和加大财政补贴力度、提高种麻积极性等方面采取措施。同时，为了应对主要黄麻进口来源国——孟加拉国采取的财政补贴措施，应适时采取相应的反补贴措施，将进口黄麻价格与国内黄麻销售价格差维持在1元/千克左右，来保障国内黄麻种植户的经济效益。

三 我国现代麻业构建对策

（一）我国麻类产业布局的问题与对策

我国麻类产业布局中的主要问题：一是种植面积不断减少。不管是麻类总数和还是黄/红麻、苎麻、工业大麻等单个种类，其种植面积都在减少。二是结构不合理。比如，我国黄/红麻产业呈现东强西弱的格局，区域发展不协调，布局不合理，从而使东中西部不能发挥出各自的比较优势，造成了资源的浪费，不利于资源的优化配置。

规划种植区域布局，优化产业带建设。我国政府已经提出"十八亿亩耕地、十六亿亩粮食耕地红线"，以确保我国粮食安全。在当前我国保护耕地的宏观环境下，麻类要做到"不与粮争地"，就需要逐渐从宜粮耕地中退出，依靠其自身抗逆性强的生理特征向边际土壤（盐碱地和山坡地等）发展。因此，建议政府采取下列措施：

一要采取措施稳定已有的各种麻类主产区的种植规模，把宜麻非耕地作为中国特色的麻类资源开发的战略基地，占有"天时地利"的优势，并建立高效生产种植示范基地。

二要根据不同地区的生态和气候优势，加速推进"苎麻上山、亚麻南移、红麻西进"，因地制宜，稳步适度扩大麻类栽培面积，并推广优良的麻类品种和优质高产栽培技术，优化麻类区域布局，加速形成新的麻类产业带，并与其他经济作物协同发展，推动我国农业和农村经济结构战略性调整。例如，依据黄/红麻的生长习性和当地的气候与生态优势，建立黄/红麻重点种植示范基地，顺应红麻西进的趋势，在维持淮海红/黄麻区的情况下，广东麻区可以逐渐西移至广西，从而形成广西红麻区。在我国南方种植苎麻，在促进麻农增收的同时，对南方水土流失的治理有积极作用。

三要实现机械化、规模化生产。机械化是当前我国农业发展的必然趋势。随着麻类产业的发展，传统的依靠单一农户种植的模式已难以为继，必须通过科技实现麻类作物发展的转型升级。包括利用现代生物技术培育新的优质或特殊品种，满足不同层次的多方面需求；发展大型麻类收获机械和适应山坡地的收获机械，实现麻类收获机械化；形成成熟的可大规模推广的生物脱胶技术，解决环境污染问题；发展苎麻生态种植园，组建各种麻类种植合作社，降低生产经营风险。

（二）我国麻类产业产品市场建设对策

随着经济全球化和互联网技术、物流运输的发展，已经形成具有市场需求广阔、交易方式多样、交易量大的现代产品市场。麻类产业发展遇到瓶颈，在现代产品大市场、大流通背景下，麻类产业应该把握机遇，在推动麻类多用途产业化的基础上，以现代市场需求为导向，推动基于多用途的麻类大宗商品市场化。在推动基于麻类多用途的大宗商品市场化过程中要重点利用麻类产品期货市场、麻类产品电子商务平台和麻类产品文化，促进麻类产业和麻类市场协调发展。

1. 麻类产品期货市场

（1）我国农产品期货市场发展现状及问题

近年来，我国农产品期货市场逐渐走上了规范、健康的发展道路，在多个方面均取得了突破。农产品交易品种不断丰富，目前我国期货市场中上市交易的期货品种总数达45种，其中，农产品期货占了20种。农产品期货交易量和成交额迅速增加，农产品期货市场稳步发展。

我国农产品期货市场主要存在以下制约因素和问题：农产品期货市场体系不健全；投资主体尚需进一步完善，许多潜在投资者入市积极性不高；社会各界对期货市场的认识尚不统一；农村信息服务体系和基础设施建设不完善，市场信息闭塞；风险监管力度不够；上市品种少、交易规模较小；现货市场与期货市场联系不紧密。

（2）发展麻类产品期货市场的对策建议

尽快开通麻类产品期货市场，完善期货市场品种结构，健全期货市场功能。麻类包括苎麻、亚麻、黄/红麻、剑麻和工业大麻五大品种，产品丰富多样，近年来正在大力推动麻类多用途综合利用产业化，麻类产业化前景广阔。因此，应尽快开通麻类产品期货市场。

借鉴学习棉花期货市场以及国外期货市场的成功经验，促进麻类期货市场开通之后平稳、快速发展。当前我国农产品期货市场中与麻类最相关的期货品种是棉花期货，棉花期货市场发展逐渐成熟，麻类期货市场的开通和发展可以借鉴棉花期货市场和国外期货市场与麻类相关的期货品种的成功经验。

大力推动基于麻类多用途的麻类大宗商品市场化。开通麻类产品期货市场的重要前提是麻类产品必须成为市场化的大宗商品。这就要求必须大力推动麻类产品多用途产业化应用，并以市场需求为导向，进行麻类产业结构调整，推动麻类大宗商品市场化，从而加快开通麻类期货市场。

紧跟麻类现货市场变化，建立健全现货市场经济秩序和相关制度，为麻类期货市场的开通和发展打下基础。期货市场是现货市场的衍生市场，是为现货市场的生产、流通、资源配置和分散风险服务的，它应该与现货市场协调发展。所以应该加紧建立和完善现货市场经济秩序准则，从而推动麻类期货市场早日开通和发展。

深入开展麻类期货市场宣传和培训工作，进一步提高社会各界对麻类期货市场的认识水平，为麻类期货市场的开通和发展做好准备。重点加强对麻类产业人员、麻类企业和麻农的期货知识培训，使其提前了解期货市场。

2. 麻类产品电子商务平台

（1）我国麻类产品电子商务发展现状及问题

我国已经形成了由政府涉农网站、期货网上交易平台、大型网上交易平台、网络批发交易市场平台、实体交易市场网络平台、零售网站构成的多层次性的电子商务网络体系。据统计，截至2013年年底，我国涉农电子商务平台达3.1万家，其中，农产品电子商务平台已达3 000家。而麻类产品电子商务虽然有所发展，但是相对于其他大宗农产品，麻类产品电子商务发展明显滞后。

我国麻类产品电子商务的发展主要受到以下因素的制约：①麻类产业发展不够完善，市场需求不足；②农村电子商务基础设施落后；③麻类产品标准化建设落后；④现代化物流水平低；⑤信用体系尚不健全；⑥麻类产品电子商务人才缺乏。

（2）发展麻类产品电子商务的对策建议

1）加强农村电子商务基础设施建设。第一，扩大互联网的覆盖范围，确保乡村一级的网络覆盖。第二，整合农村现有信息设施，如广播电视设施、移动通信设施。第三，推动麻类产品网络信息系统、麻类产品电子商务网站和麻类产品公共网络信息平台建设。

2）构建麻类产品标准化体系，提高交易效率。电子商务对商品的标准化要求较高，而我国麻类产品品种多样，产品标准化程度较低。因此，必须加强我国麻类产品标准化建设。第一，相关部门须加强沟通与协调，构建一套完善的麻类产品标准体系，该体系应该涉及麻类产品生产、加工全过程的操作规程与指标体系。第二，注意麻类产品标准与国际标准接轨。第三，确保标准的执行力度。

3）建立现代麻类产品物流体系。麻类多用途使得麻类拥有种类多样、性质不同的产品，这对物流就有了更高的要求，需要发展现代麻类产品物流体系，为麻类产品电子商务的发展提供配套服务。

4）培养现代麻农和麻类产品电子商务人才。第一，有计划地对麻农进行培训，使其具备利用网络收集信息、发布信息、在线交易、防范风险的能力。第二，重点培养一批熟知麻类电子商务领域的复合型人才，为我国麻类产品电子商务发展提供人才支撑。

5）不断创新麻类产品电子商务模式。发展麻类产品电子商务，必须时刻以市场为导向，跟上技术创新的步伐，探索适合麻类产业发展的电子商务模式。如采用新型 B2B2C 模式和 P2B2C 模式等新型电子商务模式。

6）发展 O2O 模式，充分整合线上线下资源。麻类产品电子商务应该充分整合线上线下资源，可以采取多种形式，而不仅仅局限于从线上到线下。同时，在发展麻类产品 O2O 模式过程中应建立健全麻类产品流通过程中的质量追溯体系。

7）建立健全交易信用体系，降低"道德风险"。为降低交易过程中的"道德风险"，必须加快交易信用体系建设。建立政府、电子商务平台提供方以及交易主体多方共同参与的监管体系是加强交易信用体系建设的关键环节。

3. 麻类文化挖掘与利用

麻类历史悠久，文化底蕴深厚，将麻类文化赋予麻类产品中，提高麻类产品附加值，推动麻类产业和麻类文化协调发展。麻类文化挖掘和利用主要包括以下几个方面。

（1）充分挖掘区域麻类产品文化内涵

麻类地域分布广泛，历史悠久，麻类产品蕴含着区域地理、人文以及历史文化底蕴，挖掘不同种类、不同地域麻类产品的文化内涵对于提高麻类产品市场竞争力至关重要。如湖南长沙马王堆汉代古墓出土文物中的细薄麻织物表明苎麻在湖南有深厚的历史文化底蕴。

（2）提高麻类产品附加值，实现差异化营销

引入文化营销的思路，在麻类产品品牌中注入自己特有的文化元素，使其与其他产品产生差异，突显自己的品牌个性，就能克服相似产品同质化的竞争，通过提高产品文化附加值来提高核心竞争力，实现差异化营销。

（3）注重品牌建设，加强品牌文化内涵，强化品牌形象

麻类产品不仅需要品牌，而且需要引入文化元素来突出品牌个性，强化品牌形象，这样才能提高麻类产品竞争力。例如，苎麻食品多用途中的典型——同里闵饼，将同里闵饼 500 多年的历史文化内涵加入到品牌建设中，提高品牌内涵。

（4）麻类产品开发和包装设计突出产地文化特色

在麻类产品开发和包装设计过程中应提高产品的文化蕴涵，注重包装材料、图案设计、色彩与文字说明的统一协调和搭配，突出麻类产品的地域特色与文化韵味，并结合目标市场的文化定位，树立独特的产品形象。

(三) 我国麻类产业经营模式优化策略

1. 推动新型麻类产业链发展

为推动麻类产业健康快速的发展，针对麻类农业经营模式和产业科技创新模式，可以从以下几点着手。

首先，全面推动发展新型麻类产业链。对于麻纺行业来说，最重要的也是最迫切的是进行行业结构调整，延伸和完善产业链。一直以来，我国麻类产业都遵循着"种—产—销"的固定模式（图 4-1），麻类的产业链也主要根据这一模式分布，麻类作物种植、麻类纤维与麻纺产品的生产和销售形成了一个麻类产业的链条。

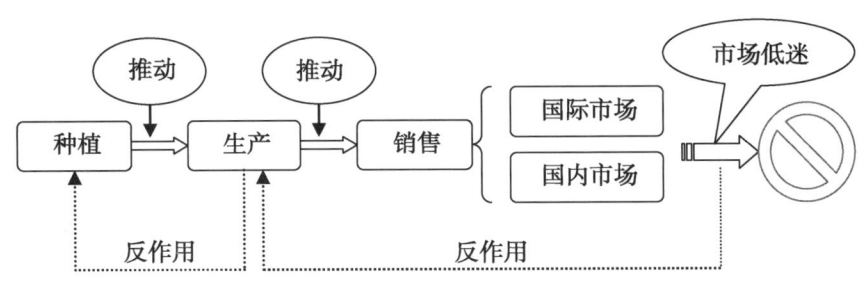

图 4-1 麻类传统产业路径

在麻类传统产业模式下，人们对麻类作物的主要注意力集中在麻纤维，麻类作物利用方式较简单、资源利用率低，市场和需求单一，不仅容易造成资源的浪费，降低了麻农植麻效益，同时也降低了整个麻类产业的市场风险抵抗能力。

受制于传统产业链及研究模式的不足，麻类产业开始转向一种新的拓展模式并期望带动一条麻类产业发展的新产业链（图 4-2）。对麻类用途进行细分，可以划分为麻类纤维、菌类培养基、饲料等，通过对麻类的多用途进行重点研究，推动麻类市场的发展。通过交叉拓宽市场和需求，从而带动麻类的生产加工业发展，进一步提高农户种麻的积极性，促进整个产业链的良性发展。

长期以来，人们对麻类作物的主要注意力集中在纤维上，对于麻类作物副产品的多用途利用程度不够，成为了制约麻产业发展壮大的重要瓶颈。在新型麻类产业发展路径中，要在继续扩大麻纤维市场的同时，着力发展麻类作物副产品的多用途。结合近年来麻类作物副产物饲料化研究、食用菌培养基技术研究、可降解麻地膜技术研究等多用途综合利用技术，将这些技术合理地利用起来，并逐步推广到市场形成一个产业，建立与食品行业、饲料行业、建筑行业、农业辅助行业等产业的联系，产业之间相互合作，共同促进麻类副产物资源化利用的发展，推进麻类多用途的产业化，共同开拓麻类市场。

其次，加快结构性调整，推动麻纺向高端化、品牌化和多样化发展。我国麻纺织业进

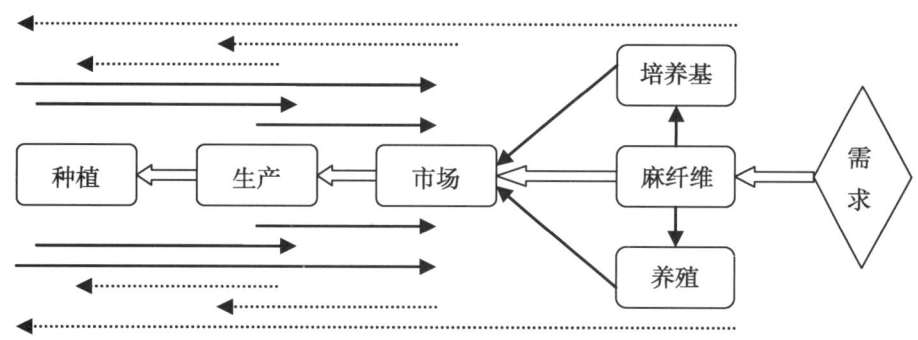

图 4-2 麻类新型产业路径

出口对外依存度高，且以初加工产品为主，占 80% 以上。对外依存度高、国内市场低迷、产品深加工程度低等是现阶段制约我国麻纺织业稳定发展的重要因素。因此，必须加快麻类产业的结构性调整，扩大麻制成品的生产及出口。进一步加大麻纺产业的深加工，加快产业转型与产业结构调整，加大产业研发与创新，提升产业技术水平和研发能力，从而构建行业核心竞争力，实现产业全面升级。

我国麻纺初加工产品较多、高端深加工产品缺乏是我国麻纺织产业发展的瓶颈。推动麻纺企业争树品牌，扩大企业品牌影响力，可以考虑在国内主要城市和省内中心城市设立直销店和加盟店，推广麻类产品品牌，开辟麻类服饰和礼品市场，扩大各产业麻纺织品的应用领域，逐步提高麻纺织品的内销比例。

再次，逐步建立产业发展新模式。政府需要鼓励和引导麻类产业结构升级，倡导"生态麻园创建"等新理念将不断加速集优质麻类种植、清洁化生产、高效加工、综合利用为一体的新型产业发展模式的形成，并逐步代替传统生产模式。

最后，加强技术创新，降低加工过程中的生产成本。我国纺织机械研究和技术发展落后，整体行业技术水平远落后于机械、电子等行业。由于缺乏专门的厂家生产麻类纺织机械，我国麻类纺织大多还是借用棉纺织或化纤纺织设备组织生产。开展麻类专门纺织机械的研制，优化和提高麻类纺织工艺与技术，开发细、软、薄、轻、凉的高档麻织品，有利于提高我国麻类纺织在国际市场上的竞争能力。生产工艺技术落后、工艺流程长、环保压力大、设备陈旧、产品品种单一、市场开发力度小、市场环境约束和变化加剧、国内外需求减少等是目前我国麻纺行业普遍面临的问题。其中，工艺和设备落后是制约麻纺企业发展的主要瓶颈，而污染治理能力成为麻纺企业发展的一个关键因素，严重制约了麻纺产品的质量和产量。加强麻类高新技术基础性研究，运用现有的生物技术，增强对重要基因资源的研究和利用。找出麻类作物性状的决定性功能基因组；研究并建立转基因育种体系、其他新技术育种体系等多样化的育种体系；研究实用化技术来标记重要基因的分子；加强对苎麻无融合生殖和红麻抗逆性的基础性研究。

2. 建立个性化金融服务机制

为完善农业经营模式和产业科技创新模式的开展，可以采取个性化金融服务和设立新型企业等方式解决麻类产业发展的资金问题。

第一，实施个性化金融服务政策，解决麻类加工企业融资问题。对麻纺企业，要按照贷款风险度、企业发展前景进行分类，并提供有针对性的金融服务。对具有技术和产品优势，且经营效益良好，但资金面临困难的麻纺企业，要大力支持并以更低的信贷门槛来缓解其资金压力，充分发挥企业的生产经营能力和技术产品优势；对具有多种经营优势，但生产销售存在一定的萎缩，整体充满发展活力的麻纺企业，要实施有保有压的信贷扶持政策，支持其调整产品结构；对生产经营困难，但有一定的发展潜力，贷款风险也在可控范围的麻纺企业，要多管齐下、综合服务，帮助其渡过难关；对经过深入论证发展无望的麻纺企业，要实施有序退出。

第二，加强资源整合，建立现代企业制度。无论是现有的麻纺企业，还是今后可能成立的麻类副产物利用企业，如青苎饲料生产、复合板加工等企业，都需要建立现代企业制度。同时，要加强资源整合，建立多元投资主体，扩大企业规模和综合实力。发展充足的原料生产基地，建立稳定的产销联合关系，实行产业化经营，解决小农户与大市场的衔接不足问题。

3. 建设基本生产者联网信息系统

为促进农业经营模式和产业科技创新模式的开展，可以建立基本生产者联网信息系统，动态监测生产行为变化，为农业政策精准化提供支撑。

打造中国麻纺织信息化平台。不断提高质量，讲求实效，做到及时、准确、快速传递各类有参考价值的信息，提供给中国麻纺织企业与会员单位参考借鉴，以建立规范有效的行业间的沟通交流系统。

首先，针对麻纺企业价格竞争激烈，缺乏行业组织的有效协调，需要建立一套规范的行业标准进行指导，减少企业组织间的恶性竞争。其次，加大苎麻产供销信息网络平台的建设，完善信息互动机制，及时追踪国际国内市场供求信息，确保信息及时准确地在产业链中传递，建立基本生产者联网信息系统，动态监测生产行为变化，为农业政策精准化提供支撑。同时，强化对苎麻深加工产业服务的信息咨询和技术中介等服务平台的建设，发布苎麻加工业信息，以信息化推动工业化。最后，巩固推广网络营销方法，减少中间环节，提高麻纺织原料与产品销售效率。通过互联网络保持与联合国麻纺织组织联络。在巩固加强欧洲亚大麻协会友好密切合作的同时，加大与美国、加拿大、印度、日本、俄罗斯、孟加拉国、韩国、澳大利亚等国家麻纺织原料和产品贸易及技术设备等方面的互利合作，以促进麻类产业健康全面的发展。

四 我国麻类产业发展政策建议

(一) 建立健全优惠与补贴政策以及相应的奖励机制

从技术改进、体制改革、放松银行信贷、给予税收优惠等各方面实行政策倾斜；制定可行有效的补助政策进行补贴；通过价格调节补助政策在市场行情低迷时对麻农售麻差价进行补助；解决企业和农户在原料生产环节上的效益被挤压的问题，鼓励规模化种植，进一步增强企业和农户对种植麻类经济作物的积极性。

不断扩大农机补贴规模，补贴资金对麻类机械的生产和使用给予优惠，对农户申请的购机需要应尽量满足，加快麻类生产机械的推广，增加其保有量；如能对麻类播种、收获等机械化作业关键环节进行补贴，可大大降低农机作业成本，提高农民用机积极性；解决企业和农户在原料生产环节上效益被挤压的问题，鼓励规模化种植。

(二) 加强麻类高新技术与基础性研究的投入

运用现有的生物技术，增强对重要基因资源的研究和利用。同时，要找出麻类作物性状的决定性功能基因组；研究并建立转基因育种体系、其他新技术育种体系等多样化的育种体系；研究实用化技术来标记重要基因的分子；加强对苎麻全基因组研究和麻类作物抗逆性的基础性研究。

组织相关农艺和农机专家，合作研究农艺农机相融合的各个环节，研究制定或完善适应机械化作业的生产技术模式，共同推进麻类生产机械化的发展。通过优化品种选育和作业环节创新，协力突破麻类机械化作业与装备创新的瓶颈性难题。目前，我国麻类生产缺乏规范化的栽培体系，种植制度五花八门，且生产经营方式、生产手段落后，不适应规模化种植和规范化管理的现代农业生产方式，给麻类生产机械化造成很大的困难。因此迫切需要筛选、研究先进实用的育种和栽培技术，研究制定标准化、规模化、适合机械化作业的麻类生产农艺技术规程，确定与现代农业生产装备、栽培技术相适应的从种植到收获加工的总体技术路线和区域模式，提高农艺与农机的融合度，给农民明确的引导方向和成功的典型示范模式。

(三) 调整产业结构与促进产业升级

麻类作物高产高效种植与苎麻水培工厂化育苗等技术日趋成熟，促进了生产规范化与标准化，为现代麻业提供技术支撑。同时，诸如饲料、食用菌培养基、可降解麻地膜等麻类新用途在技术上已经比较成熟,且应用前景广阔,但是由于人们对于这些用途的不了解,加之缺乏政策支持和技术创新引导,导致麻类新用途的产业化应用和推广步履维艰。因此,为进一步促进麻类多用途产业的发展,需要不断加大对麻类新用途产业化应用的推广和宣传力度。

目前,我国麻类制品品种较单一,对国内消费者的吸引力不强,尚未能够推动消费者对麻类制品的需求,究其原因在于麻类企业对麻类制品的设计创新能力不足,许多产品停留在传统观念上。麻类企业应当重视对麻类制品的创新,着重于品牌与产品建设,以新颖独特的麻制产品吸引消费者对麻类制品的关注,最终使麻类制品成为一种时尚,从而推动需求。

第五章　我国麻类产业发展咨询专题报告

关于制定和完善耕地污染修复治理相关法律法规的建议

耕地污染治理难度大、成本高、周期长，因此，耕地污染防治工作必须坚持预防为主。同时，耕地污染源有工业"三废"、交通运输排放、农用物资施用污染（农药、肥料、地膜等）、科研和医疗等有毒物质排放、成土母质的自然释放等，涉及各个行业领域，具有隐蔽性、累积性和地域性等特点。因此，耕地污染防治工作是一项复杂的系统工程，涉及法律法规、监督管理、科技支撑、资金投入和宣传教育等各个方面，需要政府主导，公众参与，统筹规划，全面部署，分步实施，并结合各地实际，按照土壤环境现状和经济社会发展水平，采取不同的土壤污染防治对策和措施。

一　国外耕地污染治理立法经验

丹麦制定的《土壤污染法》、英国制定的《环境保护法》、德国制定的《德国联邦土壤保护法》、荷兰制定的《土壤保护法》、澳大利亚制定的《污染土地管理法》、日本制定的《农业用地污染防治法》、美国制定的《超级基金法》等法律均具有很高的参考价值。

美国于1935年通过了《土壤保护法》，确立了土壤保护的国策。1980年颁布了极具影响力的《综合环境反应、补偿和责任法》，也就是《超级基金法》，对危险物质泄漏的紧急反应以及危险废物处置设置的行为、责任和补偿等问题做出了规定。该法又与《清洁水法》《清洁空气法》《固体废物处置法》等法律一起构建了完整的土壤污染防治法律体系。《超级基金法》以向石油、化工企业以及年收入200万美元以上公司征收环境税，污染责任方支付赔偿费，社会捐助资金以及政府财政支出为主的基金筹措方法，并由环保局负责基金的管理和项目的实施。该基金只在没有明确的责任人或责任人无力或不愿承担责任时使用。

德国《联邦土壤保护法》则以规定使用者和所有者的义务及污染者的责任，突出行政机关的权限地位，对农地利用做出限制性规定等为主要特点。如对施肥制度、保养耕地等做出了具体要求，对肥料中的重金属含量做出了明确规定。

二 我国耕地污染治理立法情况及问题

（一）文件标准

目前，可以依据的正式文件主要有国家环保局和技术监督局1995年发布的《土壤环境质量标准》（GB 15618—1995，至今修订过多次，但没有颁布新的文件），1998年国务院颁布的《基本农田保护条例》，环保部2008年颁布的《关于加强土壤污染防治工作的意见》（环发〔2008〕48号），环保部、工信部、国土资源部、住房和城乡建设部四部委2012年发布的《关于保障工业企业场地再开发利用的环境安全的通知》（环发〔2012〕40号），农业部2012年发布的《农田土壤环境质量监测技术规范》（NY/T 395—2012），国务院办公厅2013年发布的《关于印发近期土壤环境保护和综合治理工作安排的通知》（国办发〔2013〕7号）。

（二）相关立法

目前，与土壤污染相关的法律条款散见于《中华人民共和国宪法》《中华人民共和国农业法》《中华人民共和国农产品质量安全法》《中华人民共和国水污染防治法》《中华人民共和国大气污染防治法》《中华人民共和国固体废弃物污染环境防治法》《中华人民共和国矿产资源法》《中华人民共和国刑法》《中华人民共和国土地管理法》《土地复垦条例》、新《中华人民共和国环境保护法》等法律中。但相关的条文均以原则性、概括性为主，存在缺乏可操作性的问题，难以具体执行。目前，北京、浙江、辽宁沈阳和重庆等地出台过针对农田、场地的土壤修复的地方法规。但对于相关责任方若不作为，应承担何种处罚，在这些地方法规中也没有得到明确。

国务院办公厅发布的《关于印发近期土壤环境保护和综合治理工作安排的通知》中，明确了"谁污染，谁治理"这一原则。新《中华人民共和国环境保护法》中对加强各级人民政府农业环境保护、指导科学生产防止面源污染、禁止不达标废物废水施入农田、畜禽养殖相关管理及责任人等方面做了明确的规定。但在落实过程中，主要强调了企业保护土壤环境的主体责任，受农业生产的特殊性影响，需要配套具体实施方案才能发挥更大的效力。

（三）土壤污染防治法

2015年3月7日，环保部部长陈吉宁指出，环保部正在起草《土壤污染防治法》，制订土壤污染防治行动计划，重点做好建立相应法律制度和体系；加强工矿企业环境监管，切断污染源头并遏制污染扩大趋势；对污染土地实行分级分类管理，建立自己的技术体系，逐步推动风险管控四个方面工作。该法案的出台将对相关工作起到极大的推动作用，但出台时间尚不明确，也需要各方提供参考意见。

三 湖南省制定和完善耕地污染管理相关法律法规的具体建议

对耕地污染防治的立法立规目的在于，通过加强政府的监督监测管理，提升公众的环保意识，促进经济发展方式的转变，逐步预防、减轻、杜绝污染，修复、保护、改善耕地，保障耕地的可持续利用，实现社会进步与环境保护协同发展的目标。立法工作必须有原则、有步骤、有效力。

（一）基本设计

立法工作应充分参考先进国家经验，建立动态监测与应对制度、法律责任制度、整治与修复制度、信息披露与教育制度、土壤污染治理投入制度。

明确监测主体、范围和目的，通过动态监测，及时掌握污染情况，迅速应对，加大力度控制污染源，预防污染。着力监管企业排污，加强对工矿企业、排污企业生产过程的全面环境监管，对高污染企业治污设施的运转进行定期监督检查与抽查，落实企业保护耕地的主体责任。

明确导致耕地污染的行为、责任主体、责任形式和责任范围。当污染发生后，依据科技手段，确定整治与修复责任人及实施人、确定整治与修复费用的分担、制定耕地污染整治规划、开展整治与修复活动、进行整治与修复的检查与监督等。建立生态文明考核体系，把耕地污染防治与转变发展方式结合起来，与发展现代农业结合起来，加快健全生态文明建设评价指标体系，将其纳入干部绩效考核，进一步增强政府监管能力。

公开耕地污染及修复信息，吸收公众意见，加强公众参与、监督、教育，提高执法成效。培育农民科学种田，积极引导广大农民科学、合理施肥用药，大力推进生态农业和农业循环经济发展，鼓励农民承担起保护耕地的社会责任。耕地污染治理周期长，成本高昂，建立有效的耕地污染治理投入机制，不断提升资金筹措、管理与使用能力，不断提升科技水平。在降低治污成本的同时，发掘重要潜在利用价值，引导经济发展方式向生态化、绿色化转变。

（二）充分融合现有立法

目前，我国已有一些土壤污染防治方面的法律条规，所以在耕地污染防治的专项立法时要考虑与相关法律的衔接，不可能完全抛弃已有法律规范。既要遵循上位法确立的基本原则，又要注意与同位阶法律的兼容，防止冲突，还要注意对下位法的吸收和借鉴。

（三）加快土壤环境质量标准体系建设

保护土壤和修复耕地首要问题是对污染的判断。仅以现行的《土壤环境质量标准》为立法、执法依据，显然有诸多不足。对于农业生产来说，其目的在于保障食品安全和耕地可持续利用。但凭现有标准为唯一依据进行判断，会导致超标不等于危害，不超标也不等于没有危害的悖论。加快土壤质量标准体系建设，为立法提供科学依据。

熊和平　陈继康

2015 年 7 月 1 日

欧洲麻类产业现状与经验借鉴

近年来,我国麻类生产受国内外各种因素影响而陷入低谷。据统计,目前我国麻类种植面积为 10 万 hm² 左右,产量不到 30 万 t。但需求仍然维持在 60 万 t 以上(约为棉花产量的 10%),麻原料进口的速度在明显加快,导致每年从欧盟进口亚麻 15 万~20 万 t,从印度、孟加拉国等国进口黄麻 15 万~18 万 t,从巴西进口剑麻 5 万~8 万 t。

从纤维产业结构调整、生物质资源开发利用等国家重大战略需求考虑,推动我国麻类产业发展具有重要意义。目前,欧洲麻类作物生产与科研,尤其是亚麻和大麻产业,占据全球领先水平。进一步梳理欧洲麻类作物种植历史、产业现状与发展趋势,学习、借鉴先进经验是走好我国麻类产业可持续发展道路的重要组成部分。

一 欧洲麻类作物种植历史与产业现状

(一)种植历史

据考古史料记载,公元前 8 世纪在欧洲瑞士湖畔的原始部落就有了各种亚麻制生活物品。随后又传播至埃及、希腊等国家,起到了推动古代社会文明与进步的作用。19 世纪以后,荷兰、比利时、法国等国一直在欧洲保持着亚麻生产、贸易的优势。迄今依然在世界亚麻产业中占据着举足轻重的"领头羊"地位。

据初步估计,目前世界亚麻年产量约 30 万~40 万 t。50% 以上产自法国、比利时、荷兰等欧洲国家。而这些国家之所以成为亚麻的主要产地。除历史传统的禀赋因素之外,与它们所处的地理位置、气候土壤和水质条件有着密切关系。

(二)产业现状

1. 原料生产

欧洲亚麻种植面积每年基本保持在 10 万 hm²。主要分布:法国 7.5 万 hm²(主要在法国北部诺曼地区),比利时 2 万 hm²,荷兰 0.5 万 hm²。亚麻生产已实现了全程机械化。

2. 纤维加工

欧洲拥有 70 多个亚麻原料加工厂。欧洲年打成麻产量约 13 万 t,二粗 4 万 t。现有亚麻纺织加工能力约 10 万锭。主要集中于意大利、法国、比利时、北爱尔兰、德国等国家。

纺纱织布企业数量较少，主要生产 26～42 支的亚麻纱产品。

3. 科技创新

欧洲亚麻品种的研究和培育具有先进的水平，拥有亚麻育种机构 5 个，每个机构均培育有 10 个以上品种。一般亚麻新品种培育研究需要 10 年的时间。

4. 市场消费

麻产品的市场主要在美国和欧洲，这些国家和地区经济发达、生活水平高，并有穿着亚麻的传统市场。据介绍，欧洲国家的一些公司女职员夏天大多有十几件以上的亚麻服装。在市场上看到的抽纱工艺品其价格十分昂贵，一块抽纱工艺品价格在几十至 100 多欧元，一套四件套的床上用品，价格为 500 多欧元。另外，在欧洲除了亚麻产品是其主要和传统市场外，近些年中国的苎麻产品、大麻产品在欧洲也有了一定市场。

二 经验借鉴

（一）保持科技创新优势

一是具有亚麻种植的优良自然气候条件和耕作加工的传统习惯，生产机械化程度高。例如，一个拥有 5 条打成麻生产线、年产量 8 000t 打成麻的原料加工厂，全部员工仅有 120 人。

二是十分重视优良亚麻品种培育研究，许多公司有育种试验室和试验基地，并取得了许多成果，保证了亚麻原料的质量。

三是企业文化坚实，亚麻公司及企业大都有两代、三代以上的发展历史。

四是在组织管理方面采取公司+农户或者公司+农户+原料工厂的经营模式。公司向农民提供良种与技术支持，实施订单农业，实现市场定价。

五是各国亚麻协会对农民给予生产风险补偿，有力地保护了农户的利益。

（二）加大补贴力度

近期了解到，欧盟国家农民种植亚麻，可获得双份补贴，其中，种植补贴为 600 欧元/hm^2，将亚麻初加成纤维可获得 200 欧元/t 的补贴。这极大地增加了欧洲亚麻的出口竞争力。在国内，大田作物多数也有类似的补贴，唯独麻类等几种小作物则没有。

（三）紧盯效益提升及市场变化

由于欧洲发达国家的劳动力成本不断提高及中国中低支亚麻纱对欧洲市场的竞争，欧洲亚麻纺纱企业减少，并逐渐向国外转移，目前主要向东欧国家转移，并以生产低支亚麻纱为主。但高支纱以及高品质的纱线仍由欧洲传统纺织企业生产，欧洲的纺纱厂虽然减少，但贸易额没有减少，在亚麻产品市场上还是具有垄断地位。

由于中国亚麻纺织加工能力的增长，中国进口亚麻原料数量的不断增加，对欧洲亚麻种植及原料加工企业具有很大影响，视中国为最主要的亚麻原料市场，并主动调控价格水平，推动中国麻纺市场的发展。

(四) 智能化是麻纺现代化的主要特征

现代纺织技术以电子信息技术为主导，以新材料和高精度自动化机械加工技术为基础，运用光、机、电、气动、液压等传感技术和多电机传动、变频调速等技术开发研制了一代又一代现代化新设备，实现了纺织生产过程工艺参数的在线检测、数字化显示、自动控制和自动调节，实现了设备运行的自动监测、显示、超限报警、自停甚至故障自动排除。高度自动化的生产设备能严格按照设定的工艺要求，以定性、定量、规范化的机械动作实现传统纺织生产中依靠工人技术熟练程度完成的各种简单重复的手工操作，保证和提高了产品质量，提高了生产效率，降低了产品成本，增强了产品竞争力。

(五) 中国麻类产业现代化的路径

1. 理清我国麻类产业现代化的路径

传统农业向现代农业转变的逻辑起点和经济基础是农业生产发展，然而我国农业生产发展面临着多重困境，这源于在一个工业化、城市化、国际化和市场化背景下的发展中大国，农业承载的宏观战略目标和微观经济动机之间存在不一致。政府的宏观目标是要在尽量维持原有制度（农村土地制度和投资体制）条件下提高农业产出水平，增加农民收入，而农户作为理性的经济人，其微观的增收行为并不必然导致农业产出的增加。面对复杂的国内国际状况，我国麻类产业现代化的路径仍然模糊。在这种情况下，要实现对我国传统农业的改造自然会出现多重困境，而困境的突破自然就要在政府的制度层面和农户的微观目标之间找到一个突破点。

2. 通过土地产权改革和土地生产力提升，推动传统农业向现代农业的快速过渡

突破第一重困境的路径应该是从改革农村土地产权制度入手，通过实行"永田制"使农民获得土地长期使用权，为农村土地的转包、转让、出售、拍卖、股份制等土地流转提供制度条件，从而逐步扩大农业经营规模。

突破第二重困境的目标是要提高土地生产率，而提高土地生产率的前提是提高农业集约化水平，因此，突破其困境的关键是进行农业投资体制改革，根据各类农业投资的特点

和重点，明确其投资主体，实现投资主体多元化和市场化，从而为农业规模化经营创造良好的条件。

3. 通过科技创新，优化原料结构

目前，我国麻类纤维原料短缺的问题仍比较突出，要加快发展麻类作物种植和原料加工，必须重视优质品种的培育研究，把优质品种质量的发展放在重要位置。但解决原料不足，需要一定的发展周期。逐步使我国国产麻类原料与进口原料的比例达到以国产原料为主、进口原料次之的合理状况。

采用新工艺、新技术、新设备是一个发展趋势。现代纺织技术的另一个发展趋向是新工艺、新技术、新设备，不断完善成熟并在生产上扩大应用，才能收到良好的技术经济效果。

4. 紧抓市场机遇，提升企业竞争力

中国是欧洲的主要竞争对手，在欧洲调整亚麻纺织布局的时候，我国亚麻纺织企业可寻求合作发展机会。一方面需要国内亚麻企业加强自律、沟通信息、协调采购，以保持亚麻原料价格平稳。另一方面麻纺织企业应努力抓住2005年配额取消的市场机遇，努力开拓欧洲的亚麻、大麻、苎麻纺织产品市场。为促进我国麻纺企业的国际发展，也应关注和扩大麻纺产品在国内的销售，才能保持我国麻纺企业的国际竞争力。

熊和平　陈继康

2014年2月10日

推进苎麻副产物基质化为发展湖南省食用菌产业提供原料

食用菌产业是一项集经济效益、生态效益和社会效益于一体的新兴产业，发展潜力巨大、前景广阔。近年来，我国食用菌产业发展迅速，2012年全国食用菌总产量达到2 571.7t，产值1 488.45亿元，占全世界的70%以上。湖南省食用菌产量已达70万t，助农增收30亿元以上，成为继粮、猪、棉、油、果之后的又一重点农业支柱产业。虽然湖南省食用菌产业成效显著，但从进一步做大做强这个产业的角度看，还存在诸多问题。随着大规模的工厂化生产的不断推进，棉籽壳、玉米芯、甘蔗渣等传统栽培原料供不应求，价格不断上涨。因此，寻找能因地制宜、安全环保、成本低廉的栽培原料替代品能推进食用菌产业的发展。苎麻是我国南方特色经济作物，湖南苎麻产量全国第一，其中，种植面积占1/3，产量占1/2。苎麻除收获韧皮纤维用作传统的纺织原料外，占生物产量80%以上的麻骨和嫩茎叶等副产物没有得到应用。随着近年原麻市场价格走低，种麻的可比经济效益低，麻农种植积极性下降，种植面积锐减，严重影响我国麻类产业原料供应。苎麻副产物基质化栽培食用菌使得湖南省的传统苎麻产业与食用菌产业进入了循环农业产业模式，既能有效提高麻农收入，促进麻类产业发展，又能有效解决食用菌栽培原料的严重短缺问题，充分利用农业资源来推进生态循环的农业产业可持续发展，可促进农业产业结构调整。

一　苎麻副产物基质化栽培食用菌促进农业产业结构优化

1. 顺应国家政策和农业产业发展要求

农业可持续发展是我国农业"十二五"规划的整体要求。以前麻类产业中往往只关注韧皮纤维价值，而占生物学产量85%左右的麻类副产物综合利用技术相对滞后，全麻利用率及经济价值偏低，麻农种麻积极性下降，不利于麻类产业可持续发展。苎麻副产物基质化栽培食用菌，将麻叶、麻秆等副产物充分用作栽培原料，按原料价格计算，每亩可为麻农增加600~1 000元的经济收入，整个麻类种植业可增收60亿元左右，带动的工业产值也将有很大增加。苎麻副产物基质化栽培食用菌走生态循环农业模式，将促进两个产业可持续发展，拓宽农民增收渠道，有利于三农问题的解决。

2. 湖南省发展苎麻副产物基质化栽培食用菌的优势明显

苎麻是湖南省极为重要的传统经济作物，种植与加工技术方面均居于全国首位。湖南省的土地分布为"七山一水两分田",山地1 333.3万 hm^2,河湖水面135.4万 hm^2,耕地面积333.3万 hm^2左右,大部分地区的丘陵山坡等非耕地地带均可大量发展苎麻种植,苎麻副产物作为食用菌栽培原料供应的潜力巨大,优势明显。

湖南省食用菌产业发展具有起点高、空间大的特点,但也面临着原料短缺、生产成本增加的问题。用苎麻副产物基质替代价格较高的棉籽壳等进行食用菌栽培,不仅可为食用菌工厂化企业提供稳定的栽培原料,还可以大幅度降低生产成本,带来较大的经济效益,前景十分广阔。

3. 苎麻及其副产物基质化栽培食用菌的生态环境效益显著

苎麻属多年生植物,根系发达、固土力强。坡耕地种植苎麻,能合理利用水土资源,搞好水土保持,对治理坡耕地水土流失十分有效。另外,苎麻副产物基质化栽培食用菌后的菌渣用于还田是良好的有机肥,菌渣还可以用做其他原料,如做草食动物饲料等,循环利用,没有三废污染。

二 苎麻副产物基质化栽培食用菌技术优势明显

1. 苎麻副产物营养成分合理、栽培食用菌产量高

苎麻麻骨的纤维素含量为30%~47%,木质素含量为35%~48%,且具有质地疏松、吸水性极强、不板结、透气性较好的物理特性,适宜做食用菌的碳源基质;而麻叶蛋白质含量高(15%~24%),麻叶容易降解,可作为食用菌的氮源基质,减少氮源原料用量。与传统的食用菌基质原料棉籽壳相比,以苎麻副产物为主料,栽培杏鲍菇的生物学效率高达65%以上,较棉籽壳对照的(51.3%)提高13%以上。该技术在湖南郴州市三农农业开发有限公司、湖南娄底忠实生物科技有限公司、四川达州市和湖北咸宁市等地推广应用,均认为该技术效益明显:麦麸用量减少20%左右,生物学效率提高10%以上,生产周期缩短6~8天。于2013年度获得湖南省科技进步一等奖。

2. 苎麻副产物栽培的食用菌产品品质好、生态环保

苎麻副产物栽培的杏鲍菇经湖南省食品质量监督检验研究院进行检测后发现,与棉籽壳培养基栽培的相比,其产品的蛋白质含量提高了30%,总糖和脂肪分别降低了24%和33%,粗纤维含量相当。这些数据表明苎麻副产物栽培的食用菌品质好,更符合健康饮食理念。

目前,食用菌生产企业栽培主料多用棉籽壳,但棉籽壳因存在转基因和农药残留量高的问题,其生产的食用菌产品出口受到一定限制。而苎麻为非转基因植物,无农药残留问题,生产的食用菌产品食用更加安全,生态环保。

三 发展苎麻副产物基质化，为发展湖南省食用菌产业提供原料的建议

1. 建设苎麻副产物基质化食用菌示范中心

通过中心的建设，按照系统工程原理，科学有效地组织现有技术力量，进行湖南省省内苎麻种植和食用菌栽培产业的全方位的科技协作。集成原料供给和利用的系统技术，提高苎麻种植产业增收，大幅降低食用菌生产成本，提高湖南省两个产业的市场竞争力。同时，组织培训相关人才，为这两个产业的可持续循环发展提供后备科技力量。

2. 政策提供苎麻和食用菌栽培产业的牵引力

由于苎麻种植产业因化纤以及金融危机影响，种植面积已经有了一定的萎缩。为给食用菌产业提供价廉而且供应稳定的原料，在一定的时期内，政策上施行鼓励农民利用非耕地种植苎麻、鼓励企业收购苎麻副产物等措施，如种植补贴或企业零利税等，使苎麻种植和食用菌产业原料供给形成稳定的市场联系，即政策为两个产业链接在一起提供牵引力。

3. 通过企业协作加强苎麻产业和食用菌产业链接

通过加强苎麻加工企业和食用菌栽培企业的协作，为苎麻种植提供可靠的需求市场，使得苎麻种植产业和食用菌产业两者之间形成稳定的供需关系，同时苎麻加工企业也获得稳定的苎麻韧皮原料供应。通过企业间的协作链接，带动两个产业健康稳定的发展。

熊和平　彭源德
2014 年 2 月 10 日

关于在重金属污染耕地发展麻类作物种植与多用途技术的建议

农田重金属污染现象还将进一步加剧，种植经济作物实现"边利用边修复"是科学利用重金属污染耕地的重要途径。麻类作物具有一定的重金属富集能力，而且已具备了较好的技术与产业基础，在重金属污染耕地发展麻类作物种植与多用途技术，符合"生产效益型、资源节约型、环境友好型、产品安全型"的可持续发展理念。

为充分挖掘麻类作物多用途，发挥其良好的生态修复功能，促进湖南省重金属污染耕地种植结构调整，现建议如下。

一 在重金属污染区扩大麻类作物种植面积

麻类作物是湖南省传统优势经济作物，苎麻、黄麻、亚麻为较强的重金属富集植物，在重金属严重污染耕地种植生产的纤维中重金属含量远远低于欧盟相关标准，是较理想的修复与有效利用镉污染耕地的备选作物。充分利用其在湖南省的区位优势，合理布局，扩大种植面积，参照粮食作物的补贴政策，给予麻农进行种植补贴；对麻类纤维纺织，通过补贴麻类加工企业，提高纤维收购价格，提升麻农种植积极性，推动麻纺产业发展。

二 推进麻类作物多用途及清洁型加工技术成果转化

在肉牛牦牛、奶牛、食用菌等现代产业技术体系的协助下，国家麻类产业技术体系针对湖南省蛋白饲料和食用菌基质匮乏等问题，通过结合种植、加工和养殖三个环节，施行一麻多用的技术路线，形成了"苎麻饲料化与多用途技术""苎麻副产物饲料化与食用菌基质化高效利用技术"等，可大幅度提高苎麻的整体经济效益，并可通过麻类原料添加重金属螯合剂等手段，避免食品污染，促进湖南省肉牛等草食动物养殖业和食用菌产业的发展。黄麻、亚麻麻骨制炭和制复合板等高效利用技术已趋成熟。

"高效节能清洁型苎麻生物脱胶技术""亚麻快速生物脱胶技术""红麻韧皮工厂化脱胶工艺"的成功研发，解决了制约麻类产业发展的"瓶颈"问题。麻纤维膜用于水稻机插秧盘育秧，具有透气、保温、保湿和水分传导性好等优点，既利于机插秧早插早发高产，又可自然降解，对耕地无污染，应用前景广阔。

三 加快麻类作物产业链建设

建议通过立法等形式，要求在相关生产和消费中以麻纤维取代化纤，如麻纤维膜、包装袋等；给予麻类副产物利用相关企业扶持政策，鼓励麻骨制炭和制复合板等高效利用模式；为保护国内麻类产业的发展，建议政府制定更优惠的麻类纤维关税政策；在重金属严重污染耕地产业结构调整工程实施初期，建议政府出台麻类纤维保护性收购价格等措施。

熊和平　陈继康

2014 年 2 月 10 日

利用苎麻高蛋白特性发展湖南省草食动物养殖

目前，湖南仍然是一个农业大省，"鱼米之乡"由来已久。然而，随着人们膳食结构的改变和环境问题的凸显，鱼米之乡已显现因环境污染造成的继续发展的瓶颈。利用好湖南省3亿亩土地和5 000万亩耕地，充分保证食物安全供应，将是湖南省未来五年乃至今后相当长一段时期的主要任务。

人们膳食结构的变化促进市场提供不同的产品，特别是湖南省重金属污染问题突出，解决好土壤产出、调整好种植结构、发展草食动物养殖产业，将是一条可持续发展的道路。

一 苎麻用于草食动物饲料的优势

1. 苎麻蛋白含量高，极具营养价值

苎麻嫩茎叶富含蛋白质、类胡萝卜素、维生素 B_2 和钙，其营养价值与苜蓿相近。据中国农业科学院麻类研究所2002年取样送武汉国家饲料质量监督检验中心检测结果，苎麻品种"7469"株高70cm收获时，粗蛋白含量为22.0%（样品含水量为10.12%），赖氨酸含量为1.02%。而且叶的蛋白质含量随株龄的老化变化较小，直到纤维工艺成熟时，苎麻叶的粗蛋白质含量仍在20%左右。因此，苎麻是很好的动物饲料，可以作为草食性动物的主要蛋白质来源。

从营养成分和产量来考虑，苎麻最有希望成为苜蓿的替代品。在我国长江流域地区，气候湿润，夏季高温时间长，在这种气候条件下，苎麻有更强的生长优势。因此，仅需用苎麻饲料产品代替部分苜蓿，就有巨大的市场，开发前景十分广阔。

从饲料安全角度来看，苎麻饲料也有很大的优势。饲用苎麻生长过程中不需用农药，也不像动物肉骨粉可能带有危险病源。随着欧洲疯牛病和口蹄疫的大面积爆发和迅速蔓延，世界上许多国家开始重新审视以动物内脏作蛋白饲料的安全性，将目光投向植物蛋白资源，希望用植物蛋白作偶蹄动物饲料中蛋白质的主要来源，这为利用苎麻茎叶生产优质植物蛋白饲料提供了巨大的发展空间。

2. 苎麻的生物产量高，适应性强

苎麻为荨麻科多年生宿根性草本植物，在长江流域，一般2月下旬至3月上旬开始出苗，至11月中下旬初霜时停止生长，生长期长达9个月，收获纤维用苎麻一年可收 3~4 次，而作饲料用苎麻一年可收获 6~10 次。苎麻喜温热、湿润的生长环境，但地下部分不能长时间渍水，苎麻的最适生长温度为 25~35℃，因此，江南湿热的夏天苎麻生长很快。与苜蓿相比，在江南和华南地区种植苎麻有较强的适应性。因为苜蓿不适应高温、高湿的气候条件，当温度达到 35℃ 时苜蓿就会停止生长甚至死亡。

苎麻是多年生作物，种植一次，可连续多年收获。壮龄苎麻出苗快，株数多，生长势强，茎秆粗壮，叶片肥大。在肥、水、光、温充足的条件下，按株高 70cm 的收割高度，饲料用苎麻在江南地区每年可收割 7~9 次，华南地区每年可收 11 次。折合成干料产量，江南地区为 1.2~1.8t/亩，华南地区为 1.5~2.2t/亩。

湖南省具有发展苎麻饲料产业的优势

1. 可充分利用湖南省光、温、水资源

湖南省属中亚热带季风湿润气候区，年平均气温 16~18℃，高于 15℃ 的持续日数 160~200 天，其积温为 2 800~4 600℃。无霜期长达 265~310 天，全年日照 1 300~1 800h，常年降雨量 1 300~1 700mm。气候温和，四季分明，光照充足，热量丰富，雨水充沛，土地肥沃，无霜期长。这种独特的生态环境特别适宜苎麻这类以收营养体为目的的作物生长。苎麻喜温热湿润的生长环境，最适生长温度 25~35℃。苎麻是多年生作物，种植一次可多年利用。在湖南省大部分地区，作饲料用的苎麻一年可收割 10 次左右，生长期长达 9 个月。苎麻前期生长快，在适宜的栽培条件下 20~30 天可收割一次。饲用苎麻在整个生长期内能充分利用水、热、光、气等气候资源和土地资源，而且对气候资源和土壤资源的时间匹配要求不高。

苎麻的适应性、生长势均很强。在湖南省各地均能种植。在适宜的产区集中种植，容易形成牧草产业。在湖南省发展苎麻饲料蛋白产业，前景十分广阔。

2. 可开辟新的南方草类蛋白饲料

长江流域的省（市）是我国畜牧产品需求量较大的地区，饲料尤其是草类饲料需求量很大。由于畜牧结构调整和奶业及肉牛业发展的需要，对优质牧草的需求量将有很大的增长。在湖南省发展苎麻蛋白饲料产业，充分利用湖南省气候资源、土地资源和区位优势，生产苎麻蛋白质饲料产品，将为我国南方牧草饲料工业的形成提供示范样板，带动南方牧草产业和生态养殖业的发展。

3. 为湖南省发展生态养殖业提供稳定可靠的优质饲料供应

湖南省人多地少，发展奶业和肉牛业必须走集约化经营的道路，不可能采取放牧式的方法。湖南省奶业和肉牛业的发展必须以健康稳定的牧草产业为基础。苎麻是适合湖南省牧草业发展的优质牧草，它的营养价值、生态适应性、生物产量均是其他牧草难以超越的。苎麻既可青贮，又可制成草粉、草块或其他配合饲料，苎麻饲料业的发展将为湖南省奶业的发展提供可靠的优质饲料。饲用苎麻鲜草生产成本低，每千克鲜草的生产成本不到0.16元，添喂苎麻饲料的经济动物肉、蛋、奶产品质量明显优于采用全价饲料喂养的经济动物，生产的绿色食品市场售价高。

4. 有利于保持湖南省苎麻产业在国际国内的优势地位

我国苎麻产量占世界总产量的90%，而湖南苎麻产量约占我国苎麻总产量的40%，面积约占全国总面积的38%。湖南苎麻年总产量常年约16万t，湖南苎麻面积和产量均居全国第1位。长期以来，苎麻主要用作纺织原料，产业发展受制于国际市场的变化，苎麻蛋白质饲料产业化，为苎麻发展开辟了新途径。农民可以根据市场需求，决定苎麻是收获纤维，还是收获饲料，或者纤维饲料兼收。这样将促使湖南省苎麻产业健康稳定发展，有利于维护湖南省苎麻业的优势。

三 利用苎麻高蛋白特性，发展草食动物产业的建议

发展高蛋白苎麻种植，促进草食动物养殖，是一条改良湖南省养殖结构和土壤产出的重要途径。根据湖南省的情况，特提出如下建议。

1. 加大投入力度，扶持产业发展

草食动物养殖与生猪养殖比较，对环境污染轻，其肉质成分更符合人类健康的需要。在现有的扶持力度上，要扩大支持面，形成产业的有机结合和健康发展。

从科技层面加大对产业发展的支撑，从市场准入和舆论引导扩大消费群体。

2. 鼓励种养结合，促进规模化生产

用政策和资金投入引导企业进入草食动物养殖业，利用湖南省土地资源优势，规模化种植高蛋白苎麻饲料品种，按照养殖场存栏数量，规划种植面积，保证草料供应。

3. 研究草料系列化产品，满足季节变化需求

根据苎麻饲料化技术成果，将高蛋白苎麻草料生产成不同储存形态的产品，如颗粒饲料、青贮饲料和草块等，满足苎麻非生长季节草食动物对草料的需求。

4. 加强种养结合示范作用，促进技术的全面推广

在调研的基础上，根据产业发展现状，建立优势发展区域带。在示范区种植适当面积规模的饲料用苎麻，发展肉牛、羊和兔等食草牲畜养殖。饲用苎麻生长到70cm左右时，就可以收割。一般每亩每次可以收割鲜苎麻嫩茎叶2 000kg左右。根据种植

面积和饲养动物的食物量确定饲养动物数量。饲料苎麻生长快速，适于鲜喂的时间短，因此，在用鲜苎麻叶饲喂的同时，应建立苎麻饲料加工厂，形成一定规模的苎麻饲料产业和养殖基地。这样能够长期稳定生产，培育生态养殖基地，形成区域优势产业。

熊和平　唐守伟

2014 年 2 月 10 日

变革脱胶模式　推动苎麻生产

一　苎麻产业走出低谷

苎麻产业是湖南的传统优势产业之一，常年种植面积 100 万亩，原麻总产 20 万 t；苎麻长纺 11.33 万锭，织机 2 400 多台，生产纯苎麻布 4 900 多万 m，占全国的 1/3 强。全省约 60 多万人从事苎麻种植和加工，总产值达 40 亿元以上。苎麻生产是湖南省区域经济发展的重要组成部分。同时，苎麻饲料化、苎麻修复重金属污染土壤等领域取得了重要研究成果和国家政策的支持，这使得苎麻产业在促进湖南省在重金属污染耕地农业结构调整等战略问题中占据了极其重要的地位。

据了解，湖北省苎麻原麻价格已增至 16 元/kg，麻价以较快的速度走出低谷、恢复到了正常水平。而近 5 年我国麻原料进口的速度在明显加快，国内生产能力已无法满足市场大幅提升的需求。在需求和价格提升的影响下，湖南省苎麻产业将迎来下一个高峰期。

二　环保压力是苎麻产业发展的瓶颈问题

湖南省苎麻原麻脱胶目前仍然主要采用化学脱胶的方法，部分企业进行了生物脱胶技术的应用。化学脱胶造成严重的污染问题，导致了自 2006 年开始的脱胶厂关闭潮，至 2008 年年底能开工的苎麻脱胶厂不足 10 家，2009 年年底湖南省苎麻纺织运行不到 4 万锭，而且一些厂家处于半开半停状态。生物脱胶技术极显著地降低了污染物的排放以及污染治理成本，但是污染治理成本依然很高，而且大部分企业均不具备废水处理能力，污染的问题得不到根治。随着新《环保法》的实施，这种高能耗、重污染的生产模式显然无法适应生产力发展的要求。不下大力气解决好脱胶污染的问题，湖南省乃至全国的苎麻产业将受到威胁。苎麻所承载的经济价值、文化价值的传承与发扬都将面临极为严峻的挑战。

三　变革脱胶技术模式是实现可持续发展的必由之路

2014 年，以中国农业科学院麻类研究所为主的麻类科技工作者对欧洲麻类产业的发展进行了调研。法国等国一直在欧洲保持着亚麻生产、贸易的优势。迄今依然在世界亚麻产业中占据着举足轻重的"领头羊"位置。

欧洲亚麻种植面积每年基本保持在约 10 万 hm²。主要分布：法国 7.5 万 hm²（主要在法国北部诺曼地区），比利时 2 万 hm²，荷兰 0.5 万 hm²。据初步估计，目前世界亚麻年产量约 30 万~40 万 t。50% 以上产自法国、比利时、荷兰等欧洲国家。欧洲拥有 70 多个亚麻原料加工厂。欧洲年打成麻产量约 13 万 t，二粗 4 万 t。现有亚麻纺织加工能力约 10 万锭。主要集中于意大利、法国、比利时、北爱尔兰、德国等国家。纺纱织布企业数量较少，主要生产 26~42 支的亚麻纱产品。

亚麻在欧洲得以实现可持续发展，其主要特征在于其产业发展以文化为导向，以机械化、清洁化生产为基础。这些国家之所以成为亚麻的主要产地，除历史传统的禀赋因素之外，与它们所处的地理位置、气候、土壤和水质条件有着密切关系。而在脱胶环节，采用了一种符合大自然自净能力的生产模式——雨露脱胶。其主要做法是将收获的亚麻原茎平铺在田野上，在阳光照射和雨露浸湿下，借助自然界微生物的繁殖破坏麻茎中的胶质，使麻茎中的纤维束和木质部分离，达到脱胶的目的。

雨露脱胶的实质也是一种微生物脱胶方法，然而在模式上选择了与生态环境更和谐、无须额外产生污染治理成本的措施，非常符合两型社会发展的需要。目前也已有相关的菌剂产品。

雨露脱胶技术在苎麻生产中的应用还有很多技术问题亟待解决。湖南省高温高湿的气候、天气变化迅速等特点使得自然脱胶过程可控性差。国家麻类产业技术体系依托中国农业科学院麻类研究所已开展了青贮脱胶等天然脱胶方法的初步研究，有望在短期内解决苎麻雨露脱胶技术的瓶颈问题。

鉴于湖南省苎麻产业发展的重要性、苎麻脱胶技术亟待突破的迫切性以及科研工作已取得的重要进展，应设立专项，加快相关科研工作和技术推广。

熊和平　彭源德
2015 年 1 月 25 日

关于加快苎麻青贮饲料基地化生产的建议

一 背景

青贮饲料的发展，源于传统农业生产利用方式的缺点。从前，草食动物多数以干草饲喂，这种饲喂方式，极大地降低了饲草的营养成分和采食适口性。通过青贮加工后做成的青贮饲料不仅青鲜、适口性好，而且解决了秋冬饲草匮乏的困扰。另外，在农作物收割后，大量的农作物秸秆被废弃或焚烧，既浪费资源，又污染环境，在一定程度上影响了经济社会的可持续发展。通过将秸秆粉碎进行青贮后饲养牲畜，既可以节省饲料成本，还可以使秸秆通过牲畜粪便实现过腹还田，促进农业良性循环，是一种效益较高的利用方式，也是一种种养结合的生产新模式。

湖南省地处中国中南部、长江中游，地形以山地丘陵为主，东、西、南三面峰峦起伏，山岭相连。土地资源丰富，农业生产条件较好，土壤、气候很适宜苎麻的生长，森林里的野生苎麻到处都有生长，而且农民有种麻的传统习惯，但一直以来苎麻产品利用结构单一，除了收获韧皮纤维外，占生物产量80%以上的麻骨、麻叶等副产物没有得到有效利用。经检测，苎麻茎叶含粗蛋白质22.00%、赖氨酸1.02%、钙4.07%，这三项指标明显高于牧草苜蓿，还含有具中药成分的单宁物质，因此，苎麻嫩茎叶或苎麻副产物可作为反刍动物的优良饲料开发利用，同时"一麻多用"为稳定苎麻产业开辟了新途径。

在麻类产业体系技术支撑下，我们进行了苎麻饲用化利用研究，于2013—2015年将苎麻青贮技术推广至畜牧养殖合作社，有利于南方"节粮型"畜牧业发展。在苎麻青贮饲料化试验方面取得了较大突破，2013年获得湖南省科技进步一等奖。苎麻青贮饲料基地化生产建设产生了很好的示范作用，极大地推动张家界市苎麻生产和经济发展，并辐射周边地区，促进农业增效，农民增收。

二 问题

苎麻青贮饲料化试验在引进中国农业科学院麻类研究所"苎麻副产物青贮技术"下取得了一定的成果，但苎麻青贮饲料基地化生产是集青贮饲料作物栽培关键技术、青贮饲料作物的田间管理、青贮饲料的收割与加工及贮存、青贮饲料的评定等为一体的，因此，在苎麻青贮饲料基地生产中存在4个方面的问题：一是农艺方面，包括种植地块、种植品种选择、间苗、定苗、施肥、灌溉、中耕培土等。如：张家界市地处山区，只有探索出山地饲用苎麻栽培技术，选育出优质饲用苎麻专用品种与纤饲兼用品种，才能更好地因地制宜，发展苎麻产业。二是加工调制方面，包括机械选用、青贮窖的建造、最佳收获期、运输方式、切碎长度、压实封严工艺。例如，苎麻机械收获设备、饲料青贮设备及运输工具等更新换代快，现有数量较少，难以承载大规模的基地化生产，并且青贮机械设备、青贮壕（沟）或青贮窖的投资较大。三是饲喂利用，包括取料方法，喂量、喂法，防止二次发酵造成浪费等问题。例如，青贮原料粉碎细度较小，发酵产生乳酸等；饲喂青贮饲料过多可能引起酸中毒、乳脂率降低等消化代谢障碍；若水分过高、密封不严、踩压不实等，青贮饲料有可能腐烂、发霉和变质等。四是科技成果转化慢的问题，应加快推广应用力度。

三　建议

一是要加大政策扶持力度，能在湖南省全省实行苎麻生产、苎麻青贮饲料加工及喂养草食动物生产扶持，并给予项目经费，加大苎麻饲料化生产及基地化建设的投入。二是推荐在苎麻饲料化生产领域有研究实力的科技特派员指导生产，同时举办生产培训班，提高农民专业技术水平，增强农民保护生态环境的意识。三是协调相关单位加大青贮扶持力度，对发展苎麻生产、青贮种植积极的种养户给予相应的鼓励政策。四是结合土质气候等因素，选育出优质饲用苎麻专用品种与纤饲兼用品种，结合苎麻种植园的规划，形成优质饲用苎麻专用品种与纤饲兼用种植规模，初步形成基地化生产，以麻助牧，以牧增效。五是在饲喂前要对制作的青贮饲料进行严格的品质评定。六是提高宣传力度，提升苎麻青贮饲料的影响力，加大青贮饲料的生产与投入。

熊和平　庹年初
2016 年 1 月 22 日

关于在罗霄山特困连片区推行农业产业链扶贫的建议

2016年1月18日至20日，国务院副总理、国务院扶贫开发领导小组组长汪洋在湖南宣讲中央扶贫开发工作会议精神。他强调，各地区、各有关部门要认真贯彻落实党中央、国务院关于打赢脱贫攻坚战的决策部署，认真学习领会习近平总书记扶贫开发重要战略思想，充分认识脱贫攻坚的重要性和艰巨性，充分发挥政治优势和制度优势，注重激发贫困地区干部群众内生发展动力，不断提高脱贫工作精准度和有效性，确保到2020年所有贫困地区和贫困人口一道迈入全面小康社会。汪洋强调，要加强调查研究，创新扶贫方式，因地制宜探索新路径、新模式、新办法，不断将脱贫攻坚推向深入。

湖南省脱贫攻坚战已全面展开，并取得了重要的进展。2016年1月1日起正式施行《湖南省农村扶贫开发条例》；省委省政府出台了"1（行动指南）+10（保障措施）+17（具体实施方案）"政策、"四跟四走"产业扶贫模式；省人大开展的"一进二访"活动（即进村入户、访困问需、访贫问计），怀化市摸索出的"三联一帮"模式（即产业联动、金融联通、利益联结、结对帮扶），桂阳县建设的首个农村电商扶贫孵化试点等实例不胜枚举。全省对脱贫工作的决心和力度可见一斑。

产业扶贫是"五个一批"工程的重要内容，农业是贫困区域发展的基础。习近平总书记2013年在湖南考察时指出，"贫困地区要从实际出发，因地制宜，把种什么、养什么、从哪里增收想明白，帮助乡亲们寻找脱贫致富的好路子"，这也深刻地道出了贫困地区人民对发展农业的急切需求。2015年，湖南省在农业产业扶贫上也取得了重要进展，65个省定贫困村共培植产业基地121个，种植经济作物5 400多亩，养殖家畜（禽）27.5万头（羽），直接带动农户7 000多户。

为了落实中央扶贫开发工作会议精神，根据农业部部党组的决定，农业部科技教育司"十三五"将在中央确定的特困连片地区，以现代农业产业技术体系专家团队为核心，联合全国农业科教优势力量，开展特色农业产业链科技支撑与服务工作，举全国农业科教之力打一场产业扶贫攻坚战。湖南省处于武陵山区的31个特困县和罗霄山区的6个特困县将是国家现代农业产业技术体系开展产业扶贫工作的重点对象，其中，罗霄山区的农业产业扶贫工作将重点由依托于湖南省科研院所的专家组织实施。鉴于此，笔者就在罗霄山特困连片区推行农业产业链扶贫有如下几点建议。

一 注重产业链培育，突出区域特色农业

实现区域产业的可持续发展才能实现真正意义上的脱贫，避免扶贫工作结束后民众重回贫困的问题。实现产业的可持续发展，就需要建立完备的产业链，而不是简单地"种几个新品种、办几个小商店、卖几斤农产品。""培育产业链、培育大企业"，一是要进行供给侧改革，调整产品结构，提升产品质量，强调依靠技术进步和生产效率的提升来提高供给能力；二是要掌握消费需求与产业生命周期规律，通过不断创新刺激新需求，调整产业结构；三是要疏通产业上下游组织关系，解决好交易关系、行为关系、资源占用关系和利益关系等问题；四是将产业配套纳入到产业链构建体系中，主动利用和扩大支柱产业的集聚效应，主动承接服务提供、环境建设等配套任务，扩大产业链效应。

农业产业发展具有地域性、周期性等特点，其扶持难度较其他产业更高。各县区自然资源特点、产业特色、生产规模和组织方式不一样，科技力量和研发基础也有很大不同，必须根据每个区域的具体情况，以本区域特有的农业资源开发利用为主，优化作物布局，突出特色农业产业，以产业发展和可持续发展并重为主，以家庭农场和农民合作组织的经营模式为主，实施农业产业扶贫工作。

二 注重政府有关部门与产业体系协作，加强信息共享及交流

在中央的坚强领导和统一部署下，现代农业产业技术体系和湖南省省委省政府的扶贫理念和目标是完全一致的。如何共同打好这场战役，关键在于双方如何对接、协调，提高扶贫的精准度和力度，避免工作上的重叠。信息上的不对称是降低双方协作成效的重要因素：政府部门掌握了重要的资源配置、人事组织等信息和能力，而产业技术体系等科研组织和机构掌握了高新技术、教育与培训资源等。这种分离的格局导致实施工作时，政府部门苦于缺少科技支撑、科研组织成果转化苦于无门等问题。

现代农业产业技术体系目前正在深入特困片区调研，从生产到市场销售整个产业链中的各个环节入手查找农业主产业布局情况、产业发展中的主要问题。之后，根据调研情况，确定每个区域的农业产业扶贫方案，成立总体专家组和总协调人，协调地区内各个体系与本地研发人员开展发展规划、联合研发与示范工作。建议由政府牵头，采取建立包括政府、科研组织、技术用户等在内的多方联席会议制度等方式，加强信息共享与交流，对促进政府部门与产业体系农科教力量的整合具有重要意义。

三 注重农业产业与二、三产业对接，提升综合竞争能力

现代加工技术、物流技术、信息技术等蓬勃发展，原本属于区域特色的农副产品产业，在现代农业的冲击下，其"特色"属性不断消弱，取而代之的是新需求、新消费和新产业。因此，以传统产品、传统经营为核心的产业模式，竞争力不断下降。只有具有"造血"能力、"血脉"畅通的产业组织模式，才能适应现代市场经济的发展要求。"造血"实际上就是农业产业的供给侧改革，疏通"血脉"的关键在于促进一、二、三产业融合互动。

2015年中央"一号文件"首次提出，大力发展农业产业化，要把产业链、价值链等现代产业组织方式引入农业，促进一、二、三产业融合互动，中共十八届五中全会关于"十三五"规划纲要的建议中，也强调农业产业要"接二连三"、融合发展，推动农民创业就业，开拓农村消费市场，带动农村扶贫开发。目前，已经有粮食物流仓储加工、农村休闲旅游、农村电子商务等许多新兴业态可供借鉴。国家麻类产业技术体系"十二五"期间，研发了以苎麻饲料化与种养结合技术、麻育秧膜产品等系列成果，为传统特色产业的发展提供了新思路、新技术，麻类作物的多用途已经渗入到传统手工艺品、纺织、畜牧养殖、农用物资等多个领域，特别是麻类产业体系与位于炎陵的福来喜鹅业发展有限公司等企业和科研单位联合开展的"苎麻与肉鹅种养结合研究和应用"，已产生了显著的经济、社会、生态效益。这些工作都可为传统特色农业产业与二、三产业的对接铺路架桥。

熊和平　陈继康
2016年1月22日

关于弘扬农耕文化　建立湖南省苎麻博物馆的建议

一　湖南省苎麻产业发展现状

苎麻产业是我国传统农业产业，我国苎麻种植面积占全世界种植面积的90%，苎麻常年产量占世界的95%。世界苎麻在中国，中国苎麻在湖南。湖南苎麻的种植面积、产量以及销售价格对我国苎麻产业的发展起着举足轻重的作用。

我国苎麻产业的发展对国际贸易的依存度很高，产品出口国家和产品种类较为单一，抗风险能力不强。国际市场需求波动和国际金融危机，直接影响苎麻的种植、产品价格和对外贸易。目前，国内外苎麻市场需求逐步萎缩，经济下行压力增大，导致苎麻价格近年来持续走低，苎麻种植面积锐减，苎麻纺织加工企业出现减产、关停甚至倒闭，产业发展面临较大困难。

面对湖南苎麻产业萎靡不振的现状，需要出台一整套行之有效的产业发展促进政策，加强对苎麻产品、苎麻文化的宣传力度，让消费者对苎麻透气舒爽、防腐抑菌等特点深入了解，形成购买、使用苎麻产品的消费习惯。政府、科研、企业和种植户形成合力，从资金扶持、科研攻关和文化推广多个方面促进湖南省苎麻产业的发展。

二　建立苎麻博物馆弘扬农耕文化重振湖南苎麻产业的必要性与可行性

湖南省农业人口超过4 000万，拥有土地资源878.3万hm^2，是一个农业大省。湖湘历史上"神农创耒"的传说被认为是中华农耕文明的标志，在湖南地区出土的城头山古文化遗址是中国最古老的城市，道县玉蟾岩出土的稻谷被认为是世界上最早的水稻田遗迹，集中体现了湖湘农耕文化的独特历史地位。早在唐代，湖南已成为"九州粮仓"，曾有"今天下江淮为国命"之局面。直到今天，以杂交水稻为代表的现代农业文明成就依然昭示着湖湘农耕文化的重要意义。由此可见，湖南农耕文化作为典型的湖湘地域文化具有极大的开发价值。

借力湖南农耕文明的历史资源和苎麻种植的独特地位，建立"湖南苎麻博物馆"。通过各种展示方式和手段，让参观者接触、体验、了解和喜爱湖南的苎麻文化、苎麻历史和苎麻产品。湖南苎麻博物馆的建立能够实现既满足人们对苎麻历史和文化的认识，又提高对苎麻产品的了解，达到传承湖湘农耕文明、推介苎麻产品与提升产业发展的"三赢"局面。

三 建立苎麻博物馆弘扬农耕文化重振湖南苎麻产业的政策建议

可以通过"政府主导，企业参与"的形式建立湖南苎麻博物馆，通过"文化旅游+工业旅游"的形式，以弘扬湖湘农耕文明为载体，将湖南省苎麻产业做大做强。苎麻博物馆的建立不仅能够凸显湖南浓烈的农耕文明气息和厚重的湖湘文化底蕴，还可以充分发挥科普宣传基地、优秀农业文化传播窗口的作用，通过实物、图片和影像等形式生动直观展示，让参观者感受湖湘传统文化的博大精深，体验农耕文明的无穷魅力，进而激发广大干部群众加快推进社会主义先进文化建设的责任感和使命感。

同时，通过文化旅游和工业旅游的有机结合，让广大群众走进苎麻博物馆，了解苎麻所蕴含的深厚文化和历史渊源，引导、组织消费者参观工厂，展示苎麻产品生产基地，取得消费者的认同和信赖，扩大品牌的影响力，有效促进消费者对苎麻产品的需求，从而为国内特别是湖南省的苎麻产业发展创造有利条件。

熊和平　杨宏林

2016 年 1 月 22 日

附 录

国家麻类产业技术体系"十二五"主要成果

一 成果与奖励

(一) 省部级及以上奖励

陈继康，**熊和平**，喻春明，蒋桂韬，戴求仲，王延周，陈平，朱娟娟，**朱爱国**，张中华，李莉，龚秋林，汤涤洛，吕发生，廖定胜．苎麻与肉鹅种养结合研究和应用．中国农业科学院青年科技创新奖，2015．

陈泽坦，徐雪莲，符悦冠，**易克贤**，张小冬，张妮，严珍，王弗师，李志飞，韩冬银．剑麻新菠萝灰粉蚧生物学、生态学及防治技术研究．海南省科技进步奖三等奖，2012．

陈泽坦，徐雪莲，符悦冠，**易克贤**，张小冬，张妮，严珍，王弗师，李志飞，韩冬银．剑麻新菠萝灰粉蚧生物学、生态学及防治技术研究．中国热带农业科学院科技成果奖三等奖，2012．

丁若垚（导师**郁崇文**），刘国亮，黎征帆，李力炯．年产3万t级麻类纤维生物脱胶技术产业化应用，第12届挑战杯全国大学生课外学术科技作品竞赛一等奖，2011.10

丁若垚（导师**郁崇文**），刘国亮，黎征帆，李力炯．高品质麻类纤维产品生物脱胶产业化生产技术，第13届挑战杯全国大学生课外学术科技作品竞赛累进创新作品金奖，2013．

高希武，**柏连阳**，崔海兰，王贵启，张友军，郑永权，张宏军，徐万涛，张帅，戴良英，梁沛，张佳，刘学，李鹏，史雪岩．生物靶标导向的农药高效减量使用关键技术与应用．国家科技进步二等奖，2015．

关凤芝，**吴广文**，黄文功，康庆华，姜卫东，宋喜霞，杨学，宋宪友，路颖．优质、高产亚麻新品种黑亚19的选育及推广．黑龙江省科技进步三等奖，2013．

关凤芝，**吴广文**，黄文功，康庆华，姜卫东，宋喜霞，杨学，宋宪友，路颖．优质、高产亚麻新品种黑亚20号的选育及推广．黑龙江省农业科技进步二等奖，2013．

黄道友，朱奇宏，刘国胜，谢可军，曾希柏，揭雨成，刘守龙，罗尊长，刘大锷．重金属超标土壤的农业安全利用关键技术研究与示范．湖南省科技进步二等奖，2012．

黄道友，朱奇宏，刘守龙，罗尊长，刘钦云．镉铅污染农田原位钝化修复与安全生产技术体系创建与应用．湖南省技术发明一等奖，2014．

康红梅，赵铭森，孔佳茜，杨新元，孟晓康，梁晓红，郑洪元，侯东辉，任大勇，刘金平．籽用工业大麻旱作高产栽培技术．山西省农村技术承包二等奖，2014．

康庆华，**关凤芝**，黄文功，姜卫东，宋喜霞，路颖，于莹．获得无融合生殖亚麻种子的方法的研究及应用．黑龙江省农业科技进步二等奖，2015．

康庆华，**关凤芝**，姜卫东，黄文功，宋喜霞，赵东升，**吴广文**，路颖，宋宪友，杨学．亚麻多胚发生机理及无融合生殖诱导技术研究．哈尔滨市科技进步二等奖，2015．

康庆华，**关凤芝**，张举梅，姜卫东，黄文功，宋喜霞，姚玉波，于莹，刘岩．中俄亚麻特异资源的创新利用．黑龙江省农业科技进步一等奖，2015．

李芳柏，吴启堂，朱奇宏，刘传平，刘承帅，李永涛，易继财，周桂顺，**黄道友**，刘同旭，卫泽斌，陶亮．红壤区农田镉/砷污染控制关键技术与新产品创制．广州市科技进步一等奖，2015．

刘正初，**彭源德**，冯湘沅，郑科，段盛文，胡镇修．欧文氏杆菌工厂化发酵快速提取苎麻纤维工艺．第十五届中国专利优秀奖，2013．

龙超海，吕江南，马兰，王绍文，胡志国，何宏彬，刘佳杰．苎麻剥麻机的研制与应用．湖南省科学技术进步三等奖，2014．

龙超海，吕江南，王绍文，何宏彬，马兰．苎麻、黄红麻剥麻机械的研制与应用．中国农业科学院科技成果二等奖，2012．

祁建民，刘国忠，李爱青，林荔辉，**粟建光**，**洪建基**，**潘兹亮**．黄/红麻种质创新与光钝感强优势杂交红麻选育及多用途研究和应用．福建省科学技术进步奖二等奖，2014．

王朝云，易永健，吕江南，周晚来，彭铁玖，汪红武，赵锋，汪洪鹰，李懋，金关荣，郭斌．麻育秧膜研制及其在水稻机插育秧中的应用．中国农业科学院杰出科技创新奖，2015.

王朝云，吕江南，易永健，李懋，汪洪鹰，谭石林．育苗基布及其制造方法，中国专利优秀奖，2015.

王朝云，易永健，吕江南，周晚来，彭铁玖，汪红武，赵锋，汪洪鹰，李懋，**金关荣**，郭斌，王兴坤，程建平，谭石林，谭志坚．环保型麻地膜的研究与应用．中国农业科学院科学技术成果二等奖，2011.

魏刚，舒忠旭，张中华，杨燕，赵思毅，任小松．苎麻雄性不育两系杂交种选育与应用．四川省科技进步二等奖，2011.

吴广文，黄文功，康庆华，姜卫东，宋喜霞，**关凤芝**．优质、高产亚麻新品种黑亚21号的选育及推广．黑龙江省农业科学技术奖，2015.

熊和平，喻春明，**彭源德**，王延周，**朱爱国，唐守伟**，祝远魁，**魏刚，熊常财**，李智敏，**庹年初**，陈平．苎麻饲料化与多用途研究和应用．湖南省科学技术进步一等奖，2013.

易克贤，陈河龙，罗萍，郑金龙，刘巧莲，黄贵修，**周文钊**，詹儒林，吕玲玲，郭朝铭，陈鸿，徐雪荣，孙德权．剑麻斑马纹病病原生物学、遗传多态性及防治技术研究．海南省科技进步奖二等奖，2011.

易克贤，陈河龙，罗萍，郑金龙，刘巧莲，黄贵修，**周文钊**，詹儒林，吕玲玲，郭朝铭，陈鸿，徐雪荣，孙德权．剑麻斑马纹病病原生物学、遗传多态性及防治技术研究．中国热带农业科学院科技成果奖二等奖，2011.

郁崇文，曾泳春，裴泽光，郭慧芬．纤维/高速气流两相流体动力学及其应用基础研究．中国纺织工业联合会科学技术奖一等奖，2012.

张德咏，谭新球，刘勇，李保珍 袁善奎 肖斌，李俊，白红娟，张肇铭，彭静．光合细菌菌剂在农田土壤污染治理中的研究及其产业化应用．湖南省科学技术进步二等奖，2013.

（二）鉴定（评价）成果

柏连阳，刘开林，陈军，曾爱平，罗坤，周小毛，胡利锋，谭泗桥，唐新科，李静波，王彦辉，刘祥英，吴景，邱腊梅，刘敏，程小梅，彭亚军，罗峰，王立峰，刘绍文．南方稻区主要除草剂药害治理技术研究与示范．湖南省科技成果评价，农学评字〔2014〕第001号，2014.

曾希柏，**黄道友**，魏朝富，宇万太，徐明岗，刘兆辉，马强，苏世鸣，李录久，李莲芳，朱奇宏，王亚男，段然，吕家恪，白玲玉．农业主产区典型耕地地力提升技术研究与应用．中国土壤学会鉴定成果，中土会鉴字〔2015〕08号，2015.

郭孟璧，**杨明**，郭鸿彦，许艳萍，陈璇，张庆滢，陈裕，郭蓉，张光亚，谭华登，宁飞．工业大麻麻籽壳及麻茎秆替代木屑栽培香菇研究．云南省农业科学院鉴定科技成果，云农院科果鉴字〔2013〕第1号，2013.

黄道友，刘同旭，卫泽斌，陶亮，王向琴，于焕云，崔江虎，丁向东，黄志云，高云，曹芳，同辉，张伟．红壤区农田镉/砷污染控制关键技术与新产品创制．广东省科技厅鉴定成果，粤科成登（2）〔2015〕0107号，2015.

黄道友，朱奇宏，朱捍华，许超，刘守龙．重度污染地区苎麻种植技术规程．湖南省农业标准委员会评审成果，湘农标字〔2015〕42号，2015.

金关荣，骆霞虹，陈常理，张加强，潘兹亮，茅国夫，郁晓敏，林高潮，裴银福．红黄麻新品种选育与综合利用技术研究及应用．浙江省农业科学院鉴定科技成果，浙农院鉴字〔2014〕第009号，2014.

林荔辉，祁建民，**周瑞阳**，林培清，**方平平**，徐建堂，吴建梅，陶爱芬，张立武，池仁漫，林日新．福紫992A，福建省教育厅鉴定科技成果，闽科教鉴字2013第21号，2013.

刘正初，**彭源德**，冯湘沅，段盛文，郑科，孙庆祥，胡镇修，成莉凤，吕江南，郑霞，张运雄，罗才安，杨瑞林，邓硕苹，马兰，臧巩固，龙超海．高效节能清洁型麻类工厂化生物脱胶技术．农业部评价科技成果，农科中心评价字〔2014〕第3号，2014.

祁建民，林荔辉，林培清，陶爱芬，吴建梅，**周瑞阳**，李爱青，**方平平**，徐建堂，胡开辉，祁伟，范金源，张立武，林日新，池仁漫．福红航2A，福建省教育厅鉴定科技成果，闽科教鉴字2013第20号，2013.

王朝云，吕江南，易永健，周晚来，彭铁玖，汪红武，赵锋，汪洪鹰，李懋，金关荣．麻育秧膜研制及其在水稻机插育秧中的应用．农业部科技发展中心评价成果，KJZXPJZD0004，2014.

熊常财，汪红武，李景柱，涂修亮，汤涤洛，王立志，徐绳武．早稻麻地膜机插秧育秧技术集成与示范．湖北省科技成果鉴定，EK2014D220001000346，2014.

熊和平，喻春明，**彭源德**，王延周，李智敏，陈平，朱作华，陈继康，**唐守伟**，**朱爱国**，严理，胡镇修，谢纯良，卢凌霄，汤清明．苎麻副产物饲料化与食用菌基质化高效利用技术．农业部鉴定科技成果，农科果鉴字〔2012〕第34号，2012.

徐建堂，祁建民，林荔辉，**周瑞阳**，陶爱芬，吴建梅，**方平平**，林培清，张立武，林日新，池仁漫．福红 523A，福建省教育厅鉴定科技成果，闽科教鉴字 2013 第 26 号，2013．

周文钊，陆军迎，张燕梅，李俊峰，赵艳龙，谢江辉，詹儒林，吕玲玲，张浩，易克贤，戴梅莲，林映雪，谢恩高．龙舌兰麻种质资源收集、保存、鉴定与创新利用．中国农学会成果评价，中农（评价）字〔2014〕第 11 号，2014．

（三）其他奖励

潘兹亮，吕玉虎，张丽霞，王琴，丰大清，凌萍，赵丰华，曾日秋，胡万群，张生辉．高产优质多抗红麻三系杂交种红优 3 号的选育及应用．信阳市科学技术二等奖，2011．

潘兹亮，吕玉虎，张丽霞，王琴，郭晓彦，应承胜，王守强．高产优质多抗红麻三系杂交种"杂红 952"选育及应用．信阳市科学技术三等奖，2013．

孙涛，李树忠，朱二，陈学文，李志斌，张志强，常梅仙，唐志敏，罗正明，马建忠，阮志明．工业大麻坡耕地高产高效种植技术研究与推广．西双版纳州科技进步奖二等奖，2013．

庹年初，李莉，石媛，秦禾望，胡建湘．苎麻良种筛选及配套栽培技术推广．张家界市科学技术进步三等奖，2013．

汪红武，**熊常财**，汤涤洛，李景柱，郭金城，刘亚斌，付聪，吴达明．早稻麻地膜膜机插秧育秧技术集成创新与示范．咸宁市科技进步二等奖，2015．

王朝云，吕江南，易永健，李懋，汪洪鹰，谭石林．育苗基布及其制造方法．湖南省科技成果登记，2013．

王朝云，吕江南，易永健，李懋，汪洪鹰，周晚来，谭石林．麻育秧膜．第十五届中国国际高新技术成果交易会优秀产品奖，2013．

王朝云，易永健，吕江南，汪洪鹰，李懋，周晚来．环保型麻地膜．第十四届中国国际高新技术成果交易会优秀产品奖，2012．

杨龙，吕咏梅，胡万群，陈久月，胡凤灵，姜文武，王斌，何金．优质长纤大麻新品种皖大麻 2 号的选育及应用研究．安徽省科技成果登记，2011．

杨龙，吕咏梅，胡万群，葛建贵，陈发宏，胡凤灵，陈久月，王斌，荣维国，胡化如．优质高产大麻新品种皖大麻 1 号的选育及应用研究．六安市人民政府科技进步二等奖，2012．

杨龙，吕咏梅，胡万群，葛建贵，荣维国，陈发宏，陈海鹰，徐宏斌．优质高产大麻新品种皖大麻1号的选育及应用研究．安徽省科技成果登记，2011.

二 新品种

（一）苎麻

陈平，喻春明，**熊和平**，王延周，陈继康．中苎3号．湖南省非主要农作物品种登记，XPD 016—2014，2014.

崔国贤，郭斌，佘玮，沈迪辉，李昌武，秦跃科，李罗先，李良佑，崔国清，刘劲凡．湘苎7号．湖南省非主要农作物品种登记，XPD 011—2013，2013.

龚秋林，**潘其辉**，刘上信，陈勇玲，陈晓蓉，林敏荣，王富强，欧阳爱平，刘灵燕，喻宁怡．赣苎5号．江西省农作物品种认定，赣认苎麻2014001，2014.

龚秋林，**潘其辉**，刘上信，陈勇玲，林敏荣，陈晓蓉，王富强，欧阳爱平，刘灵燕，喻宁怡．赣苎6号．全国农作物品种审定，国品鉴麻2016004，2016.

彭定祥，汪波，刘立军．华苎5号．全国农作物品种审定，国品鉴麻2016001，2016.

彭定祥，汪波，刘立军．华苎6号．全国农作物品种审定，国品鉴麻2016002，2016.

杨燕，张中华，**魏刚**，任小松，李亚玲．川苎13号．四川省农作物品种审定，川审苎2012001号，2012.

任小松，张中华，**魏刚**，杨燕，苟云，李亚玲．川饲苎1号．四川省农作物品种审定，川审苎2012002号，2012.

杨燕，张中华，任小松，李亚玲，苟云，**魏刚**．川苎14号．四川省农作物品种审定，川审苎2013001号，2013.

张中华，杨燕，任小松，李亚玲，苟云，**魏刚**．川苎15号．四川省农作物品种审定，川审苎2013002号，2013.

魏刚，任小松，杨燕，张中华，苟云，李亚玲．川饲苎2号．四川省农作物品种审定，川审苎2013003号，2013.

杨燕，张中华，任小松，李亚玲，苟云，李萍，**魏刚**．川苎16号．四川省农作物品种审定，川审苎2014001号，2014.

（二）亚麻

关凤芝，吴广文，黄文功，康庆华，姜卫东，宋喜霞，杨学，宋宪友，路颖．黑亚21．黑龙江省农作物品种登记，黑登记2012009，2012.

关凤芝,**吴广文**,黄文功,康庆华,姜卫东,宋喜霞,杨学,宋宪友,路颖.黑亚22.黑龙江省农作物品种登记,黑登记2013007,2013.

关凤芝,**吴广文**,黄文功,康庆华,姜卫东,宋喜霞,杨学,宋宪友,路颖.黑亚23.黑龙江省农作物品种登记,黑登记2014005,2014.

黄淑兰,凤桐,朱国民,王绍伦,赵泰然,孙秀俊.吉引–麻菜1号.吉林省农作物品种审定委员会,吉登亚麻2013016,2013.

刘其宁,杜刚,吴学英,赵振玲,**朱炫**,**刘飞虎**.云亚二号.云南省种子管理站,云种鉴定2013005号,2013.

刘其宁,杜刚,吴学英,赵振玲,**朱炫**,**刘飞虎**.云亚一号.云南省种子管理站,云种鉴定2013004号,2013.

刘其宁,杜刚,**朱炫**,吴学英,赵振玲,**刘飞虎**,刘升明.云亚三号.云南省种子管理站,云种鉴定2013001号,2013.

刘其宁,宋升明,杜刚,吴学英,赵振玲,**朱炫**,**刘飞虎**,李青山.同升福一号.云南省种子管理站,云种鉴定2013003号,2013.

刘其宁,赵振玲,杜刚,**朱炫**,吴学英,**刘飞虎**,宋升明.云亚四号.云南省种子管理站,云种鉴定2013002号,2013.

刘淑莲,牛海龙,王世发,潘亚丽,刘海龙,凤桐.吉亚5号.吉林省农作物品种审定委员会,吉登亚麻2012002,2012.

邱财生,**王玉富**,龙松华,郭媛,邓欣,陈信波,郝冬梅,钟国乾,薛召东.中亚麻4号.吉林省农作物品种审定委员会登记,吉登亚麻2015002,2015.

王世发,刘海龙,刘淑莲,凤桐,牛海龙,徐驰,周玉萍,潘亚丽,朱国民,杨贵春,赵泰然等.陇亚10号.吉林省农作物品种审定委员会,吉登亚麻2012001,2012.

王世发,刘海龙,徐驰,凤桐,徐立群,牛海龙.吉亚6号.吉林省农作物品种审定委员会,吉登亚麻2015001,2015.

王玉富,邱财生,龙松华,郭媛,邓欣,郝冬梅,钟国乾.中亚麻3号.新疆维吾尔自治区非主要农作物品种登记办公室登记,新登亚麻2013年29号,2013.

王玉富,邱财生,龙松华,郭媛,邓欣,薛召东,郝冬梅,钟国乾.中亚麻2号.云南省种子管理站鉴定,云种鉴定2013006号,2013.

张正,守合热提,崔宏亮,陈晓露,哈尼帕,王瑞.伊亚5号.新疆非主要农作物品种登记,新登亚麻2013年28号,2013.

(三) 红麻

陈安国，**李德芳**，唐慧娟，李建军，黄思齐，李辉．中红麻 16 号．全国农作物品种鉴定，国品鉴麻 2014001，2014.

陈安国，**李德芳**，唐慧娟，李建军，黄思齐，李辉．YA1A．湖南省非主要农作物品种登记，XPD 017—2015，2015.

陈安国，**李德芳**，杨龙，唐慧娟，李建军，黄思齐．K68．安徽省非主要农作物品种鉴定登记，皖品鉴登字第 1409004，2015.

洪建基，徐建堂，**周瑞阳**，曾日秋，林荔辉，姚运法，祁建民，何炎森，陶爱芬，林培清，吴建梅，池仁漫，林日新．杂红 952．安徽省非主要农作物品种鉴定登记，皖品鉴登字第 1109003，2012.

洪建基，**方平平**，曾日秋，祁建民，姚运法，林荔辉，林培清．闽黄 1 号．农业部全国农业技术推广服务中心品种鉴定，国品鉴麻 2014010，2014

洪建基，姚运法，曾日秋，练冬梅，赖正锋，吴松海，林国容．细胞质雄性不育系 286A．广西壮族自治区农作物品种登记，桂登（麻）2015032，2015.

黄思齐，陈安国，**李德芳**，唐慧娟，李建军，李辉．中杂红 328．全国农作物品种鉴定，国品鉴麻 2014003，2014.

黄思齐，陈安国，唐慧娟，李建军，**李德芳**，杨龙．H1302．安徽省非主要农作物品种鉴定登记，皖品鉴登字第 1409002，2015.

金关荣，骆霞虹，陈常理，张加强．细胞质雄性不育系 ZHKX–01A．广西壮族自治区农作物品种登记，桂登（麻）2015030 号，2015.

金关荣，骆霞虹，陈常理，张加强．细胞质雄性不育系航优 1 号 A．广西壮族自治区农作物品种登记，桂登（麻）2015031 号，2015.

金关荣，骆霞虹，陈常理，朱关林，赵张建．红麻新品种 ZHKX–01．安徽省非主要农作物品种鉴定登记，皖品鉴字第 1109006，2012.

康红梅，祁建民，赵铭森，林荔辉，陶爱芬，孔佳茜，孟晓康．福红优 3 号．山西省农作物品种认定，晋审麻（认）2014001，2014.

李德芳，陈安国，李建军，唐慧娟，黄思齐，李辉．LC0301A．湖南省非主要农作物品种登记，XPD 016—2015，2015.

李建军，黄思齐，陈安国，**李德芳**，杨龙，胡万群．H1301．安徽省非主要农作物品种鉴定登记，皖品鉴登字第 1409001，2015.

李建军，黄思齐，唐慧娟，李辉，陈安国，**李德芳**．中杂红 368．全国农作物品种鉴定,国品鉴麻2014004,2014.

李建军,**李德芳**,陈安国,唐慧娟,黄思齐,李辉.261N5-19A.湖南省非主要农作物品种登记,XPD 019—2015,2015.

林荔辉,祁建民,**方平平**,吴建梅,池仁漫,林培清,陶爱芬,徐建堂,祁伟.福红优2号.福建省农作物品种认定,闽认麻2012002,2012.

林荔辉,祁建民,**周瑞阳,方平平,潘兹亮**,徐建堂,吕玉虎.杂红992.河南省农作物品种鉴定,豫品鉴红麻2012002,2012.

林荔辉,吴建梅,祁建民,林培清,陶爱芬,**方平平**,徐建堂,张立武,林日新,池仁漫.闽红优1号.农业部全国农业技术推广服务中心品种鉴定,国品鉴麻2014006,2014.

刘国忠,林荔辉,祁建民,顾元悦,林培清,吴建梅,陶爱芬,**方平平**,徐建堂,张立武,林日新,池仁漫.福红航5号.农业部全国农业技术推广服务中心品种鉴定,国品鉴麻2014005,2014.

潘兹亮,周瑞阳,吕玉虎,张丽霞,郭晓彦,陈雪青,陈鹏.红综3号.河南省农作物品种鉴定.豫品鉴红麻2015002,2015.

潘兹亮,吕玉虎,张丽霞,王琴,郭晓彦,应承胜,王守强.杂红952.河南省农作物品种鉴定,豫品鉴红麻2012003,2012.

祁建民,**洪建基,潘兹亮,方平平**,林荔辉,徐建堂.福航优1号.河南省农作物品种鉴定,豫品鉴红麻2012001,2012.

祁建民,林荔辉,**方平平**,池仁漫,陶爱芬,林培清,吴建梅,徐建堂,刘伟.福航优2号.福建省农作物品种认定,闽认麻2012001,2012.

唐慧娟,陈安国,**李德芳**,李建军,黄思齐,李辉.261N5-18A.湖南省非主要农作物品种登记,XPD 018—2015,2015.

唐慧娟,李建军,**李德芳**,黄思齐,陈安国,李爱青.K66.安徽省非主要农作物品种鉴定登记,皖品鉴登字第1409003,2015.

徐建堂,祁建民,林荔辉,吴建梅,林培清,陶爱芬,**方平平**,张立武,池仁漫,林日新.福红9921.农业部全国农业技术推广服务中心品种鉴定,国品鉴麻2014004,2014.

赵艳红,**李初英**,唐兴富,韦莉萍,劳赏业.红麻细胞质雄性不育系"P4A".广西农作物品种登记,桂登(麻)2015033号,2015.

周瑞阳,陈鹏,周琼,赵艳红,廖小芳,周步进.红优4号.全国农作物品种鉴定,国品鉴麻2014007,2014.

周瑞阳,陈鹏,吕玉虎,赵艳红,乔丽,周琼,廖小芳,李赟. 红综1号. 河南省种子管理局鉴定,豫品鉴红麻2015001,2015.

(四) 黄麻

陈基权,龚友才,戴志刚,**粟建光**,杨泽茂. 中黄麻6号. 安徽省非主要农作物品种鉴定登记,皖品鉴登字第1509006,2015.

陈基权,龚友才,戴志刚,温岚,**粟建光**,李楠,黎宇. 中黄麻5号. 全国农作物鉴定,国品鉴麻2014012,2014.

陈基权,龚友才,戴志刚,温岚,**粟建光**. 中黄麻3号. 安徽省非主要农作物品种鉴定登记,皖品鉴登字第1209006,2013.

陈基权,龚友才,**粟建光**,戴志刚,刘倩,温岚. 帝王菜1号. 安徽省非主要农作物品种鉴定登记,皖品鉴登字第1109007,2012.

戴志刚,龚友才,**粟建光**,陈基权,温岚,刘倩. 帝王菜2号. 安徽省非主要农作物品种鉴定登记,皖品鉴登字第1109008,2012.

方平平,林荔辉,吴建梅,李爱青,徐建堂,陶爱芬,林培清,邱国清,祁建民,池仁漫. 福农2号. 安徽省非主要农作物品种鉴定登记,皖品鉴登字第1009001,2011.

方平平,林培清,祁建民,林荔辉,陶爱芬,吴建梅,徐建堂,池仁漫. 福黄麻3号. 福建省农作物品种认定,闽认麻2012003,2012.

方平平,林培清,祁建民,林荔辉,吴建梅,陶爱芬,徐建堂. 福黄麻5号. 安徽省非主要农作物品种鉴定登记,皖品鉴登字第1509004,2015.

方平平,祁建民,林培清,陶爱芬,林荔辉,徐建堂,张立武,吴建梅,池仁漫,林日新. 福黄麻1号. 农业部全国农业技术推广服务中心品种鉴定,国品鉴麻2014008,2014.

龚友才,陈基权,戴志刚,温岚,**粟建光**. 中黄麻2号. 安徽省非主要农作物品种鉴定登记,皖品鉴登字第1209005,2013.

龚友才,戴志刚,陈基权,温岚,**粟建光**,**李德芳**,黎宇,李楠. 中黄麻4号. 全国农作物鉴定,国品鉴麻2014011,2014.

洪建基,**方平平**,曾日秋,祁建民,姚运法,林荔辉,林培清. 闽黄麻1号. 全国农作物鉴定,国品鉴麻2014010,2014.

黄其椿,**李初英**,赵洪涛,赵艳红,陈玉冲,叶胆,陈仲南,刘伯忠. 桂麻菜2号. 广西农作物品种登记,(桂)登(蔬)2014003号,2014.

金关荣，骆霞虹，陈常理，张加强，朱关林．圆果黄麻新品种MY-118．安徽省非主要农作物品种鉴定登记，皖品鉴字第1409005，2015．

李初英，赵洪涛，黄其椿，赵艳红，何忠，唐胜．桂麻菜1号．广西农作物品种登记，（桂）登（蔬）2014002号，2014．

林培清，祁建民，林荔辉，**方平平**，吴建梅，陶爱芬，徐建堂．福黄麻4号．安徽省非主要农作物品种鉴定登记，皖品鉴登字第1509003，2015．

林培清，祁建民，陶爱芬，**方平平**，张立武，吴建梅，林荔辉，池仁漫，林日新．福黄麻2号．农业部全国农业技术推广服务中心品种鉴定，国品鉴麻2014009，2014．

林培清，陶爱芬，李爱青，林荔辉，**方平平**，徐建堂，吴建梅，邱国清，沈宝川，祁建民．福农5号．安徽省非主要农作物品种鉴定登记，皖品鉴登字第1009004，2011．

祁建民，林培清，林荔辉，**方平平**，李爱青，陶爱芬，徐建堂，吴建梅，池仁漫，范金源．福农4号．安徽省非主要农作物品种鉴定登记，皖品鉴登字第1009003，2011．

徐建堂，林培清，林荔辉，祁建民，陶爱芬，**方平平**，吴建梅．福黄麻6号．安徽省非主要农作物品种鉴定登记，皖品鉴登字第1509005，2015．

（五）工业大麻

郭鸿彦，陈璇，郭孟璧，**杨明**，张庆滢，杨波，郭蓉，许艳萍．云麻杂3号．云南省农作物品种鉴定，云种鉴定2015003号，2015．

郭鸿彦，**杨明**，许艳萍，郭孟璧，张庆滢，陈璇，陈裕．云麻5号．云南省农作物品种鉴定，云种鉴定2013019号，2013．

郭鸿彦，张庆滢，许艳萍，**杨明**，郭孟璧，陈璇，郭蓉，陈裕．云麻6号．云南省农作物品种鉴定，云种鉴定2014020号，2014．

康红梅，赵铭森，孔佳茜，孟晓康，高金虎，王太平．汾麻3号．山西省农作物品种认定，晋审麻（认）2015001，2015．

杨明，郭孟璧，陈璇，郭鸿彦，张庆滢，许艳萍，郭蓉，陈裕．云麻7号．云南省农作物品种鉴定，云种鉴定2014021号，2014．

杨明，许艳萍，陈璇，郭鸿彦，伍菊仙，郭蓉，郭孟璧，张庆滢．云麻杂2号．云南省农作物品种鉴定，云种鉴定2015002号，2015．

（六）剑麻

周文钊，陆军迎，李俊峰，张燕梅，张浩，谢恩高，赵艳龙，林映雪，戴梅莲，郑保青．热麻1号剑麻．广东省农作物品种登记，粤登麻2015001，2015.

三 专利与新产品

（一）发明专利

柏连阳，胡利锋，周小毛．呋喃香豆素类化合物减轻酰胺类除草剂对作物毒害作用的用途，ZL 201210336592. 5.

柏连阳，罗坤，程小梅，彭亚军，罗峰，周小毛，刘祥英，刘开林，胡利锋．一株代尔夫特氏菌及其在修复丁草胺药害中的应用，ZL 201310277807. 5.

陈继康，熊和平，喻春明，王延周，陈平，卢凌霄，朱娟娟，段叶辉．一种草食动物用苎麻饲料及其制备方法，ZL 201410144366. 6.

陈继康，熊和平，喻春明，王延周，陈平，卢凌霄，朱娟娟，段叶辉．一种肉鹅用苎麻饲料及其制备方法，ZL 201410143750. 4.

陈继康，熊和平，喻春明，王延周，陈平，卢凌霄，朱娟娟，段叶辉．一种肉牛育肥期用苎麻饲料及其加工方法．ZL 201410144348. 8.

成飞雪，刘勇，张德咏，王忠勇，程菊娥，罗源华，张松柏，何明远，谭新球，朱春晖，罗香文，戴建平，杨春晓．苏云金芽胞杆菌菌株及其伴胞晶体、伴胞晶体提取方法及其在植物线虫病害防治中的应用，ZL 201110261675. 8.

崔国贤，刘本坤，杨卫红，佘玮．苎麻用氨基酸叶面肥及其制备方法，ZL 201110178194. 0.

丁若垚，董政娥，郁崇文，张兴群．一种蜡状芽孢杆菌DA3菌株及其获得方法和应用，ZL 201010253172. 1.

丁若垚，刘国亮，董政娥，孔令丹，郁崇文，张兴群．一种黑附球菌DB3菌株及其制备和应用，ZL 201110253331. 2.

丁若垚，刘国亮，董政娥，黎征帆，郁崇文，张兴群．一种产紫青霉素DB1菌株及其制备和应用，ZL 201110254279. 2.

丁若垚，刘国亮，董政娥，黎征帆，郁崇文，张兴群．一种利用产紫青霉菌DB1菌株制备麻纤维的方法，ZL 201110253320. 4.

丁若垚，刘国亮，董政娥，薛小华，郁崇文，张兴群．一种利用爪哇正青霉素菌DB4菌株制备麻纤维的方法，ZL 201110253334.6.

丁若垚，刘国亮，董政娥，薛小华，郁崇文，张兴群．一种爪哇正青霉DB4菌株及其制备和应用，ZL 201110253319.1.

丁若垚，刘国亮，董政娥，郑磊，郁崇文，张兴群．一种链格孢DB2菌株及其制备和应用，ZL 201110253318.7.

丁若垚，张兴群，郁崇文，董政娥．一种荧光假单胞菌DA4菌株及其获得方法和应用，ZL 201010253202.9.

董政娥，丁若垚，郁崇文，张兴群．一种纤维单胞菌DA8菌株及其获得方法和应用，ZL 201010253158.1.

方平平，等．一种黄麻叶保健茶及其制作方法，ZL 201110337137.2.

郭孟璧，郭鸿彦，杨明，许艳萍，张庆滢，陈璇．一种半定量快速检测大麻植物中$\Delta 9$-THC含量的方法，ZL 201110032811.6.

黄道友，刘守龙，朱奇宏，罗尊长，曹晓玲，盛良学，饶中秀，任雪菲，夏战鹰，王帅，王继宇，席园．一种在重金属重度污染土壤上种植苎麻的方法，ZL 201210475776.X.

黄道友，刘守龙，朱奇宏，罗尊长，任雪菲，饶中秀，夏战鹰，王帅，曹晓玲，王继宇，席园．一种在重金属污染土壤上种植黄麻的方法，ZL 201210476018.X.

黄道友，刘守龙，朱奇宏，罗尊长，任雪菲，饶中秀，夏战鹰，王帅，曹晓玲，王继宇，席园．一种在重金属污染土壤上种植亚麻的方法，ZL 201210477356.5.

黄道友，朱奇宏，刘守龙，曹晓玲，罗尊长，盛良学，饶中秀，任雪菲，夏战鹰，王帅，王继宇，席园．一种在重金属中度污染土壤上种植苎麻的方法，ZL 201210475303.X.

黄道友，朱奇宏，刘守龙，曹晓玲，罗尊长，盛良学，饶中秀，任雪菲，夏战鹰，王帅，王继宇，席园．一种在重金属污染土壤上种植红麻的方法，ZL 201210476020.7.

黄麻红麻栽培．赵艳红，廖小芳，周瑞阳，陈鹏，周琼，周步进．利用红麻KN250的不育细胞质选育雄性不育系的方法，ZL 201310714202.8.

康红梅，赵铭森，孔佳茜，张斌杰，孟小康．一种工业大麻良种繁殖技术，ZL 201310374383.4.

康庆华，关凤芝，吴广文，黄文功，江卫东，赵东升，宋喜霞，刘岩，吴建忠，程莉莉，于莹，袁红梅，姚玉波，路颖，杨学，宋宪友，王福亮，孙中义，徐涵．获得无融合生殖亚麻种子的方法，ZL 201310355880.X.

李显旺，等. 单茎秆双动刀切割试验装置，ZL 2013 1 0187133.X.

李显旺，等. 往复式双动刀切割试验装置，ZL 2013 1 0020692.1.

李召岭，孟超然，郁崇文，李世刚，黄卫平，杨建平，张斌. 一种提高氧化脱胶苎麻精干麻物理机械性能的方法，ZL 201310152516.3.

李召岭，郁崇文，杨建平，李世刚，黄卫平，张元明. 一种苎麻纤维制备与化学改性同浴进行的方法，ZL 201310153380.8.

李召岭，郁崇文，赵强，杨建平，张斌，李世刚，黄卫平. 一种氧化脱胶多次分步投料制备苎麻纤维的方法，ZL 201310153378.0.

梁红英，谢文婕，钱浩，赖燕燕，郁崇文. 一种苎麻纺高支纱和股线的生产方法，ZL 2009145392.2.

廖小芳，赵艳红，周瑞阳，陈鹏，周琼，周步进. 基于红麻atp8基因鉴定雄性不育细胞质的方法，ZL 201310710995.6.

廖小芳，赵艳红，周瑞阳，陈鹏，周琼，周步进. 利用红麻KN142的不育细胞质选育雄性不育系的方法，ZL 201310711047.4.

刘飞虎，等. 一种工业大麻扦插繁殖的方法，ZL 201210476676.9.

刘飞虎，苏文君，杜光辉，杨阳. 一种工业大麻液体栽培方法，ZL 201310718535.8.

刘正初，段盛文，成莉凤，郑科，冯湘沅，郑霞. 一种全功能菌株用于工厂化发酵快速提取草本纤维的方法，ZL 201110410078.7.

裴泽光，杨建平，胡碧玉，张含飞，张元明，郁崇文. 一种赛络菲尔纺生产亚麻湿纺高支纱和股线的方法，ZL 201010543745.4.

彭定祥，等. 一种苎麻纤维不间断收获的方法，ZL 201110250964.8.

彭定祥，李杨红，刘立军，汪波. 一种栽培猴头菇的培养料及制备方法，ZL 201310189890.0.

祁建民，秦先超，方平平，刘国忠，林荔辉，陶爱芬，吴建梅，徐建堂，林培清，池仁漫. 一种提高红麻子叶不定芽诱导率的方法，ZL 201110372472.6.

苏金为，祁建民，陈杰博，阮奇城，陶爱芬. 一种植物油制备共轭亚油酸酯的方法，ZL 201110332980.1.

苏金为，祁建民，等. 一种麻籽油为基质的保湿抗皱纹美白护肤品，ZL 201210143565.3.

王朝云，等. 育苗基布及其制造方法，ZL 201010207756.5.

王朝云，易永健，李懋，周晚来，吕江南，汪洪鹰. 水稻机插育秧种膜片及其制造方法，201310040150.0.

熊和平，陈继康，喻春明，王延周，陈平，卢凌霄．肉鹅饲养方法，ZL 201210524836.2.

郁崇文，裴泽光，胡碧玉，张含飞，杨建平，张元明．一种赛络纺或赛络菲尔纺生产大麻高支纱和股线的方法，ZL 201010543743.5.

郁崇文，杨建平，裴泽光，黄晶，张含飞．一种苎麻棉型纺纱纺纱加工方法及其使用的牵切设备，ZL 201110117290.4.

郁崇文，杨建平，裴泽光，张含飞，黄晶．一种苎麻的中长型纺纱加工方法及其使用的牵切设备，ZL 201110117289.1.

郁崇文，杨建平，张元明．一种苎麻的毛型纺纱加工方法，ZL 201210254294.1.

郁晓敏，裴银福，金关荣，朱丹华．一种利用可再生资源生产环保型木塑复合材料的方法，ZL 201210383696.1.

曾日秋，洪建基，姚运法．一种黄麻茶及其制备方法和其在食品制备的应用，ZL 201210023488.0.

张庆滢，郭鸿彦，杨明，许艳萍，郭孟璧，陈璇．一种提高野生大麻种子发芽率的方法，ZL 201310040975.2.

张松柏，刘勇，张德咏，任磊，罗香文，彭静，程菊娥，谭新球，成飞雪，朱春晖，杨春晓．产酸克雷伯菌菌株及其应用和三唑磷农药残留降解菌菌剂及其制备方法，ZL 201210036727.6.

张兴群，丁若垚，郁崇文，董政娥．一种假单胞菌 DA10 菌株及其获得方法和应用，ZL 201010253184.4.

张燕梅，周文钊，戴梅莲，李俊峰，陆军迎，林映雪．一种克服剑麻不定芽玻璃化的方法，ZL 201210293863.3.

张燕梅，周文钊，戴梅莲，林映雪，李俊峰，陆军迎．一种剑麻茎尖愈伤组织的诱导及再生体系建立的方法，ZL 201110214394.7.

张燕梅，周文钊，李俊峰，陆军迎，林映雪．一种金边弧叶龙舌兰离体培养及再生体系建立的方法，ZL 201310033326.X.

章倩，刘万军，钱浩，何源，蒋慧，郁崇文，章悦庭，邱夷平．实验室用多功能微型脱胶机，ZL 201120026707.1.

赵艳红，廖小芳，陈鹏，周瑞阳，周琼，周步进．一种红麻雄性不育细胞质的分子鉴定方法，ZL 201310710653.4.

赵艳红，廖小芳，周瑞阳，陈鹏，周琼，周步进．一种利用红麻细胞质雄性不育系组配杂种二代种子的方法, ZL 200810073874.4.

钟海, 姜展, 匡雪琴, 郁崇文, 杨建平. 一种精梳棉型苎麻纺纱的方法, ZL 201310563133.5.

周瑞阳, 陈鹏, 周琼. 利用红麻细胞质雄性不育系生产杂交种子的方法, ZL 201110042821.8.

周文钊, 张燕梅, 戴梅莲, 陆军迎, 李俊峰, 林映雪. 一种克服剑麻组织培养苗玻璃化现象的方法, ZL 201110204540.8.

(二) 实用新型专利

段盛文, 刘正初, 成莉凤, 郑科, 冯湘沅. 一种麻类纤维原料仓储装置, ZL 201420710151.1.

段盛文, 刘正初, 冯湘沅, 郑科, 成莉凤. 一种麻类纤维晾晒装置, 201420710266.0.

段盛文, 刘正初, 郑科, 冯湘沅, 成莉凤. 一种麻类纤维解离装置, 201420710300.4.

段盛文, 刘正初. 一种细菌菌体收集装置, 201420710203.5.

郭丽, 王明泽, 车野, 张海军, 王殿奎, 李泽宇, 马兰, 王丽娜, 张俊杰, 芮海英. 一种工业大麻育种授粉隔离装置, ZL 201420704952.7.

李显旺, 陈巧敏, 张彬, 王锦国, 黄继承, 沈成, 田昆鹏, 汪志兵, 唐存干, 朱文勇. 一种高粗茎秆作物上拨禾装置, ZL 201320557608.5.

李显旺, 陈巧敏, 张彬, 王锦国, 黄继承, 沈成, 田昆鹏, 汪志兵, 唐存干, 朱文勇. 一种高粗茎秆作物收获机, ZL 201320558438.2.

李显旺, 张彬, 陈巧敏, 王锦国, 黄继承, 沈成, 汪志兵. 拨禾横向输送装置, ZL 201220471640.7.

李显旺, 张彬, 陈巧敏, 王锦国, 黄继承, 沈成, 汪志兵. 新型苎麻拨麻输送装置, ZL 201220610068.8.

李显旺, 张彬, 陈巧敏, 王锦国, 黄继承, 沈成, 汪志兵. 苎麻收割机, ZL 201220374838.3.

李显旺, 张彬, 王锦国, 黄继承, 沈成, 汪志兵. 茎秆作物立姿夹持输送装置, ZL 201220471817.3.

刘正初, 段盛文, 吕江南, 郑科, 成莉凤, 冯湘沅, 郑霞, 马兰. 生物脱胶碾压水冲耦合洗麻机组, ZL 201220390609.0.

刘正初, 段盛文, 马兰, 郑科, 成莉凤, 冯湘沅, 郑霞, 龙超海. 生物脱胶原料预处理机组, ZL 201220390497.9.

龙超海，吕江南，马兰，刘佳杰．一次喂入式大型剥皮机，ZL 201520146726.6.

龙超海，吕江南，王志军，田先明，马兰，何宏彬，谭佩莲．黄麻或红麻剥皮机，ZL 201120011151.9.

吕江南，龙超海，马兰，刘佳杰，何宏彬．大麻鲜茎剥皮机，ZL 201220116953.0.

马兰，龙超海，吕江南，刘佳杰，何宏彬．一种弹性齿结构，ZL 201520190525.6.

马兰，龙超海，吕江南，刘佳杰．一种用于处理苎麻茎秆的分离设备，ZL 201420115842.7.

沈成，陈巧敏，李显旺，王锦国，张彬，黄继承，汪志兵．往复式双动刀切割试验装置，ZL 201320029668.X.

沈成，陈巧敏，李显旺，王锦国，张彬，黄继承，汪志兵．单茎秆双动刀切割试验装置，ZL 201320276017.0.

余永廷，朱爱国．植物病原线虫表面消毒用离心套管，201520219564.4.

余永廷，朱爱国．植物根部病虫害研究用花盆，ZL 201320159083.X.

张燕梅，李鑫，周文钊，李俊峰，陆军迎．剑麻工防护装置，ZL 201320107685.0.

张燕梅，李鑫，周文钊，李俊峰，陆军迎．用于剑麻水培生根的装置，ZL 201320163894.7.

张燕梅，周文钊，李俊峰，陆军迎．一种过滤装置，201520621549.2.

张燕梅，周文钊，陆军迎，李俊峰，鹿志伟．花粉储藏授粉器，201520666967.3.

周晚来，王朝云，易永健，汪洪鹰，谭志坚．水稻机插育秧播种机，201520154956.7.

周文钊，等．便携式采摘装置，ZL 201320163057.4.

朱爱国，余永廷，马兰．用于从凝胶中回收蛋白质/核酸的电洗脱装置，ZL 201320159073.6.

(三) 新产品与新设备

龙超海，等．4BD-400型大麻鲜茎剥皮机．新设备．

龙超海，等．4BM-260型剥麻机．新设备．

龙超海，等．4BM-780大型剥麻机．新设备．

龙超海，等．4HB-480型黄、红麻剥皮机．新设备．

龙超海，等．6BMH-180大型苎麻剥麻生产线．新设备．

张德咏，等．微生物菌剂（丰农）．新产品．

杨明，等．大麻二酚（CBD）新产品及生产技术工艺．新产品．

杨明，等．工业大麻快速检测箱．新设备．

孙涛，等．6BMF-28A1反拉鲜茎皮秆分离机械．新设备．

张德咏，等．用于苎麻根结线虫的生防ALA粉剂．新产品．

张德咏，等．用于苎麻根结线虫的RNAi疫苗．新产品．

三 标准规程

（一）行业标准

粟建光，唐浩，陈基权，刘平，戴志刚，龚友才，温岚．植物新品种特异性、一致性和稳定性测试指南 青麻．农业行业标准，NY/T 2481—2013，2013．

吴广文，孙连发，杨明，张利国，陈立君，伍菊仙，宋宪友，迟永芹，房郁妍，郑楠，李冬梅，许艳萍，王翔宇，郭鸿彦．植物新品种特异性、一致性和稳定性测试指南 大麻．农业行业标准，NY/T 2569—2014，2014．

郁崇文，凌良仲，延保太，付成彦，王圣杰，张慧霞，刘国亮，刘辉，方斌，时景龙，朱云，王维维．精梳大麻棉混纺本色纱．纺织行业标准，FZ/T 32018—2014，2014．

郁崇文，张含飞，王圣杰，付成彦，刘国亮，谢世仁，张婷，黄建新，马浩然，张慧霞，罗勤，陶榕，刘百松．精梳亚麻棉混纺本色纱．纺织行业标准，FZ/T 32017—2014，2014．

周文钊，陆军迎，张燕梅，李俊峰，庄兆明，赵艳龙．龙舌兰麻纤维及制品 术语．农业行业标准（修订），NY/T 233—2014，2014．

周文钊，陆军迎，李俊峰，张燕梅，张浩，戴梅莲，林映雪．剑麻种苗繁育技术规程．农业行业标准，NY/T 2448—2013，2013．

（二）地方标准

许艳萍，郭鸿彦，杨明，郭孟璧，张庆滢，陈璇．工业大麻种子繁育技术规程．云南省地方标准，DB53/T 630—2014，2014．

朱炫，陈晓艳，王学明，羊国安，陈贵荟，周志业，孙朝辉．纤维用亚麻秋播高产栽培技术规程．大理州地方规范，DG 5329/T 34—2015，2015．

魏刚，张中华等．杂交苎麻种子生产技术规程．四川省地方标准．DB51/T 1636—2013，2013．

（三）企业标准

郭孟璧，郭鸿彦，杨明，许艳萍，张庆滢，陈璇，伍菊仙，胡光．大麻快速检测箱．企业标准，2012．

李显旺，王锦国，朱文勇．4LMZ-160型苎麻联合收割机．企业标准．Q/320925JGH 008，2013．

四 论文专著

（一）论著

1. 麻类体系专家主编

柏连阳（主编）．麻田杂草识别与防除技术．北京：化学工业出版社，2011．

陈收（主编）．2010年度麻类产业经济分析报告．长沙：湖南大学出版社，2011．

陈收（主编）．2011—2012年度麻类产业经济分析报告——麻类多用途产业经济分析．长沙：湖南大学出版社，2013．

陈收（主编）．麻类多用途综合利用及战略研究专题．长沙：湖南大学出版社，2014．

崔国贤（主编）．苎麻栽培与利用新技术．北京：金盾出版社，2012．

崔国贤，彭定祥（主编）．麻类学科研究生培养手册，电子版，2015．

关凤芝，吴广文（主编）．亚麻育种技术与子实综合利用．黑龙江人民出版社，2014．

黄道友（副主编），等．耕地质量培育技术与模式．北京：中国农业出版社，2014．

刘飞虎，杨明（主编）．工业大麻的基础与应用．北京：科学出版社，2015．

熊和平（主编）．国家麻类产业技术发展报告（2010—2011）．北京：中国农业科学技术出版社，2012．

熊和平（主编）．国家麻类产业技术发展报告（2012—2013）．北京：中国农业科学技术出版社，2014．

熊和平（主编）．中国棉麻丝产业可持续发展研究．北京：中国农业科学技术出版社，2015．

2. 体系专家参编

崔国贤（参编）．麻类作物适应重金属污染土壤的基础研究．海口：海南出版社, 2011.

崔国贤（参编）. 现代作物栽培学. 北京: 高等教育出版社, 2011.

崔国贤（参编）. 苎麻抗旱生理基础研究. 北京: 中国农业科学技术出版社, 2011.

崔国贤（参编）. 作物栽培学各论（南方本）, 北京: 中国农业出版社, 2011.

熊和平, 王朝云, 周晚来, 朱春晖, 张德咏（参编）. 与体系共同成长. 北京: 中国农业出版社, 2013, 237.

张德咏（参编）. 中国主要农作物有害生物名录. 北京: 中国农业科学技术出版社, 2014, 126-145.

张德咏（参编）. 中国主要农作物有害物分布区划. 北京: 中国农业出版社, 2014, 67-73.

张德咏（参编）. 主要农作物重要有害生物危害损失研究. 北京: 中国农业出版社, 2014, 222-229.

朱春晖, 张德咏, 成飞雪, 程菊娥（参编）. 主要农作物有害生物监测技术与方法. 北京: 中国农业科学技术出版社, 2014, 96-103.

（二）论文

1. 遗传育种

[1] Chen J, Dai L J, Wang B, Liu L J, Peng D X. Cloning of expansin genes in ramie (*Boehmeria nivea* L.) based on universal fast walking. Gene, 2015, 569 (1): 27-33.

[2] Chen J, Pei Z H, Dai L J, Wang B, Liu L J, An X, Peng D X. Transcriptome profiling using pyrosequencing shows genes associated with bast fiber development in ramie (*Boehmeria nivea* L.). BMC Genomics, 2014, 15 (1): 919.

[3] Chen M X, Wei C L, Qi J M., Chen X B, Su J G, Li A Q, Tao A F, Wu W R. Genetic linkage map construction for kenaf using SRAP, ISSR and RAPD markers. Plant Breeding, 2011, 130 (6): 679-687.

[4] Chen T, Qi J M., Xu J T, Chen P P, Tao A F, Chen F C, Chen W. Optimization of two-dimensional gel electrophoresis for kenaf leaf proteins. Agricultural Sciences in China, 2011, 10 (12): 1 842-1 850.

[5] Chen Y P, Zhang L W, Qi J M, Chen H, Tao A F, Xu J T, Lin L H, Fang P P. Genetic linkage map construction for white jute (*Corchorus capsularis* L.) using SRAP, ISSR and RAPD markers. Plant Breeding, 2014, 133 (6): 777-781.

[6] Cheng F X, Wang J, Song Z Q, Cheng J E, Zhang D Y, Liu Y. Complete genome sequence of *Bacillus thuringiensis* YC-10, a novel active strain against plant-parasitic nematodes. Journal of Biotechnology, 2015, 210: 17-18.

[7] Deng G, Liu L J, Wang H Y, Lao C Y, Wang B, Zhu C, Peng D X. Establishment and optimization of two-dimensional electrophoresis (2-DE) technology for proteomic analysis of ramie. International Journal of Agriculture and Biology, 2013, 15 (3): 570-574.

[8] Gao C S, Xin P F, Cheng C H, Tang Q, Chen P, Wang C B, Zang G G, Zhao L N. Diversity analysis in *Cannabis sativa* based on large-scale development of expressed sequence tag-derived simple sequence repeat markers. PLoS One, 2014, 9 (10): e110 638.

[9] Gao J M, Luo P, Guo C M, Li J Z, Liu Q L, Chen H L, Zhang S Q, Zheng J L, Jiang C J, Dai Z Z, Yi K X. AFLP analysis and zebra disease resistance identification of 40 sisal genotypes in China. Molecular Biology Reports, 2012, 39 (5): 6 379-6 385.

[10] Liu F H, Chen X, Long B, Shuai R Y, Long C L. Historical and botanical evidence of distribution, cultivation and utilization of *Linum usitatissimum* L. (flax) in China. Vegetation History and Archaeobotany, 2011, 20 (6): 561-566.

[11] Liu T M, Zhu S Y, Fu L L, Tang Q M, Yu Y T, Chen P, Luan M B, Wang C B, Tang S W. Development and characterization of 1, 827 expressed sequence tag-derived simple sequence repeat markers in ramie (*Boehmeria nivea* L. Gaud). Plos One, 2013, 8 (4): e60 346.

[12] Liu T M, Zhu S Y, Tang Q M, Chen P, Yu Y T, Tang S W. De novo assembly and characterization of transcriptome using Illumina paired-end sequencing and identification of CesA gene in ramie (*Boehmeria nivea* L. Gaud). BMC Genomics, 2013, 14 (1): 1-11.

[13] Liu T M, Zhu S Y, Tang Q M, Tang S W. Genome-wide transcriptomic profiling of ramie (*Boehmeria nivea* L. Gaud) in response to cadmium stress. Gene, 2015, 558 (1): 131-137.

[14] Liu T M, Zhu S Y, Tang Q M, Tang S W. Identification of 32 full-length NAC transcription factors in ramie (*Boehmeria nivea* L. Gaud) and characterization of the expression pattern of these genes. Molecular Genetics and Genomics, 2014, 289

(4): 675-684.

[15] Liu T M, Zhu S Y, Tang Q M, Tang S W. Identification of a CONSTANS homologous gene with distinct diurnal expression patterns in varied photoperiods in ramie (*Boehmeria nivea* L. Gaud), Gene, 2015, 560 (1): 63-70.

[16] Liu T M, Zhu S Y, Tang Q M, Yu Y T, Tang S W. Identification of drought stress - responsive transcription factors in ramie (*Boehmeria nivea* L. Gaud). BMC Plant Biology, 2013, 13 (1): 1-9.

[17] Long S H, Deng X, Wang Y F, Li X, Qiao R Q, Qiu C S, Guo Y, Hao D M, Jia W Q, Chen X B. Analysis of 2,297 expressed sequence tags (ESTs) from a cDNA library of flax (*Hibiscus cannabinus* L.) bark tissue. Molecular Biology Reports, 2012, 39 (5): 6 289-6 296.

[18] Qi J M, Xu J T, Li A Q, Wang X F, Zhang G Q, Su J G, Liu A M. Analysis of genetic diversity and phylogenetic relationship of kenaf germplasm by SRAP. Journal of Natural Fibers, 2011, 8 (2): 99-110.

[19] She W, Zhu S J, Jie Y C, Xing H C, Cui G X. Expression profiling of cadmium response genes in ramie (*Boehmeria nivea* L.) root. Bulletin of Environmental Contamination and Toxicology, 2015, 94 (4): 453-459.

[20] Xu J T, Li AQ, Wang X F, Qi J M., Zhang L W, Zhang G Q, Su J G, Tao A F. Genetic diversity and phylogenetic relationship of kenaf (*Hibiscus cannabinus* L.) accessions evaluated by SRAP and ISSR. Biochemical Systematics & Ecology, 2013, 49 (5): 94-100.

[21] Yu Y, Huang W G, Chen H Y, Wu G W, Yuan H M, Song X X, Kang Q H, Zhao D S, Jiang W D, Liu Y, Wu JZ, Cheng L L, Yao Y B, Guan F Z. Identification of differentially expressed genes in flax (*Linum usitatissimum* L.) under saline - alkaline stress by digital gene expression. Gene, 2014, 549 (1): 113-122.

[22] Zhang G Q, Qi J M, Zhang X C, Fang P P, Su J G, Tao A F, Lan T, Wu W R, Liu A M. A genetic linkage map of kenaf (*Hibiscus cannabinus* L.) based on SRAP, ISSR and RAPD makers. Agricultural Sciences in China, 2011, 10 (9): 1 346-1 353.

[23] Zhang G Y, Zhang Y J, Xu J T, Niu X P, Qi J M, Tao A F, Zhang LW, Fang P P, Lin LH, Su J G. The CCoAOMT1 gene from jute (*Corchorus capsularis* L.) is

involved in lignin biosynthesis in *Arabidopsis thaliana*. Gene, 2014, 546 (2): 398–402.

[24] Zhang L W, Li A Q, Wang X F, Xu J T, Zhang G Q, Su J G, Qi J M, Guan C Y. Genetic diversity of kenaf (*Hibiscus cannabinus*) evaluated by inter-simple sequence repeat (ISSR). Biochemical Genetics, 2013, 51 (9): 800–810.

[25] Zhang Y M, Li X, Chen Z, Li J F, Lu J Y, Zhou W Z. Shoot organogenesis and plant regeneration in *Agave hybrid*, No. 11648. Scientia Horticulturae, 2013, 161 (2): 30–34.

[26] Zhou W Z, Zhang Y M, Lu J Y, Li J F. Construction and evaluation of normalized cDNA libraries enriched with full-length sequences for rapid discovery of new genes from Sisal (*Agave sisalana* Perr.) different developmental stages. International Journal of Molecular Sciences, 2012, 13 (10): 13 150–13 168.

[27] Zhu S Y, Liu T M, Tang Q M, Fu L L, Tang S W. Evaluation of bamboo genetic diversity using morphological and SRAP analyses. Russian Journal of Genetics, 2014, 50 (3): 306–313.

[28] Zhu S Y, Tang S W, Tang Q M, Liu T M. Genome-wide transcriptional changes of ramie (*Boehmeria nivea* L. Gaud) in response to root-lesion nematode infection. Gene, 2014, 552 (1): 67–74.

[29] 陈安国, 李德芳, 李建军, 唐慧娟, 黄思齐. 高产优质抗病强适应性广红麻新品种"中红麻13号"的选育. 中国麻业科学, 2011, 33 (4): 172–178.

[30] 陈富成, 祁建民, 林荔辉, 林培清, 徐建堂, 陈涛, 陶爱芬, 吴建梅, 方平平. 圆果黄麻雌性不育突变体鉴定及其生理生化特性初步研究. 植物科学学报, 2011, 29 (2): 194–199.

[31] 陈富成, 祁建民, 陶爱芬, 徐建堂, 陈涛, 林荔辉. 棉麻纤维作物雄性不育研究进展及展望. 植物遗传资源学报, 2011, 12 (2): 197–202.

[32] 陈晖, 陈美霞, 陶爱芬, 张广庆, 徐建堂, 祁建民, 方平平. 长果种黄麻SRAP标记遗传连锁图谱的构建及3个质量性状基因定位. 中国农业科学, 2011, 44 (12): 2 422–2 430.

[33] 陈惠端, 陈美霞, 蔡金月, 徐鲜钧, 方平平, 徐建堂, 陶爱芬, 牛小平, 祁建民. 应用SRAP分子标记构建黄麻遗传资源DNA指纹图谱. 福建农林大学学报: 自然科学版, 2014 (2): 113–118.

[34] 陈美霞, 陈富成, 颜克伟, 刘晓倩, 徐建堂, 陶爱芬, 祁建民. 红麻叶片高

质量 RNA 提取若干方法比较分析. 福建农林大学学报: 自然科学版, 2011, 40 (6): 561-565.

[35] 陈美霞, 祁建民, 方平平, 李爱青, 危成林, 陶爱芬, 徐建堂, 谢增荣, 林培清, 兰涛, 吴建梅, 陈富成. 红麻 6 个重要产量性状的 QTL 定位. 中国农业科学, 2011, 44 (5): 874-883.

[36] 陈美霞, 祁建民, 刘伟, 徐建堂, 祁伟, 李爱青, 粟建光, 陶爱芬, 牛小平. 麻类作物分子育种的研究现状与展望. 福建农业学报, 2012, 27 (7): 780-786.

[37] 陈美霞, 祁建民, 危成林, 谢增荣, 林培清, 兰涛, 陶爱芬, 陈涛. 红麻五个质量性状在遗传连锁图谱中的初步定位. 作物学报, 2011, 37 (1): 165-169.

[38] 陈平, 谭龙涛, 喻春明, 王延周, 陈继康, 熊和平. 一种适用于 PCR 检测的苎麻陈年原麻 DNA 提取方法. 中国麻业科学, 2012, 34 (6): 249-251.

[39] 陈平, 喻春明, 王延周, 陈继康, 熊和平. 苎麻与大麻 CesA1 基因的生物信息学分析. 中国麻业科学, 2013, 35 (3): 118-121.

[40] 陈涛, 祁建民, 陶爱芬, 徐建堂, 陈富成, 王贵美, 李小珍, 陈美霞, 阮奇城. 黄麻两个栽培种及其野生类型与三个近缘种的核型分析. 植物遗传资源学报, 2011, 12 (4): 619-624.

[41] 陈艳翠, 黄思齐, 李建军, 唐慧娟, 陈安国, 李德芳. 红麻质核互作型雄性不育相关基因 atp1 的克隆与分析. 中国麻业科学, 2013, 35 (2): 63-68.

[42] 陈燕萍, 陈美霞, 徐建堂, 陈晖, 陶爱芬, 祁建民. 圆果黄麻成熟叶片总 DNA 提取及 SRAP 扩增体系的建立与优化. 福建农林大学学报: 自然科学版, 2011, 40 (5): 461-466.

[43] 戴志刚, 粟建光, 陈基权, 龚友才, 路颖, 宋宪友. 我国麻类作物种质资源保护与利用研究进展. 植物遗传资源学报, 2012, 13 (5): 714-719.

[44] 戴志刚, 王凤敏, 陈基权, 粟建光, 龚友才, 温岚. 人工老化对红麻种子活力及基因组 DNA 的影响. 热带作物学报, 2012, 33 (6): 981-987.

[45] 窦俊焕, 陈鹏, 周琼, 何冰, 莫良玉, 范稚莲, 周瑞阳. 黄麻圆果种与长果种杂交后代主要性状鉴定. 西南农业学报, 2012, 25 (6): 2 248-2 251.

[46] 郭鸿彦, 许艳萍, 郭孟璧, 伍菊仙, 胡学礼, 陈裕, 杨明. 早熟工业大麻杂交新品种云麻 3 号选育. 中国麻业科学, 2014, 36 (6): 270-274.

[47] 郭丽, 张海军, 王明泽, 车野, 刘德泉, 陈井生, 刘德福, 于吉东, 吴耀坤.

大麻雄性基因连锁 AFLP 分子标记的筛选及鉴定. 中国麻业科学, 2015, 37 (1): 5-8.

[48] 郭阳, 熊和平, 陈平, 王延周, 陈继康, 谭龙涛, 郑建树, 喻春明. 中国主要苎麻品种遗传多样性的 SSR 标记分析. 湖南农业科学, 2012 (23): 4-6, 9.

[49] 郭阳, 熊和平, 陈平, 王延周, 陈继康, 谭龙涛, 郑建树, 喻春明. 中苎 2 号苎麻自交 S1 代遗传多样性的 SSR 标记分析. 中国麻业科学, 2013, 35 (2): 75-80.

[50] 洪建基, 曾日秋, 姚运法. 红麻品种在闽南地区的适应性试验. 江西农业学报, 2011, 23 (12): 21-22.

[51] 洪建基, 方平平, 曾日秋, 祁建民, 姚运法, 林荔辉, 林培青, 圆果种黄麻新品种'闽黄1号'的选育, 福建农业学报, 2014, 29 (8): 745-747.

[52] 胡慧, 臧巩固, 赵立宁, 李育君, 唐蜻, 程超华, 高春生. 苎麻胚珠的酶解法提取及其整体染色透明技术. 中国麻业科学, 2013, 35 (1): 9-13.

[53] 胡万群, 杨龙, 沈健, 吕咏梅. 红麻新品种在安徽麻区的适应性分析. 中国麻业科学, 2011, 33 (5): 220-222.

[54] 胡尊红, 郭鸿彦, 胡学礼, 陈璇, 刘旭云, 郭孟璧, 张庆滢, 许艳萍, 郭丽芬, 杨明. 大麻品种遗传多样性的 AFLP 分析. 植物遗传资源学报, 2012, 13 (4): 555-561.

[55] 黄其椿, 李初英, 赵洪涛, 叶陧, 唐胜, 赵艳红. 广西大麻种子生产潜力试验初报. 中国麻业科学, 2012, 34 (4): 157-164.

[56] 黄思齐, 陈艳翠, 李建军, 唐慧娟, 陈安国, 李德芳. 红麻雄性不育相关基因 atp1 的表达初步分析. 中国麻业科学, 2013, 35 (5): 221-225.

[57] 黄文功, 姜卫东, 赵东升, 康庆华, 宋喜霞, 刘岩, 吴建忠, 程莉莉, 于莹, 袁红梅, 吴广文, 关凤芝. 应用 ISSR 分析亚麻种质资源遗传多样性. 中国麻业科学, 2013, 35 (1): 1-4.

[58] 金刚, 陈鹏, 唐向民, 周瑞阳. 基于简并引物同步克隆两个红麻 PDIL 同源基因 cDNA 5′-末端序列. 生物技术通报, 2011 (1): 109-113.

[59] 金刚, 陈涛, 苏文潘, 黄强, 覃旭, 吕平, 覃剑峰, 王春田. 基于 psbA-trnH 序列的剑麻 H.11648 原始母本的鉴定. 湖北农业科学, 2015, 54 (10): 2 513-2 515.

[60] 金刚, 牛英, 唐向民, 周琼, 周瑞阳. 红麻野败型 CMS 胞质 SNP 分子标签的

发掘. 西北植物学报, 2012, 32 (12): 2 412 – 2 418.

[61] 康红梅, 赵铭森, 孔佳茜, 孟晓康. 工业大麻隔离制种技术研究. 山西农业科学, 2014, 42 (7): 708 – 710.

[62] 李初英, 黄其椿, 赵洪涛, 赵艳红, 陈玉冲, 何忠. 富硒高钙保健型帝皇麻菜新品种 "桂麻菜1号"的选育. 北方园艺, 2015 (3): 140 – 142.

[63] 李德芳, 李建军, 陈安国, 唐慧娟, 黄思齐. 质核互作型红麻雄性不育系 LC0301A 的选育. 中国麻业科学, 2013, 35 (4): 172 – 174.

[64] 李刚, 关和新, 牛英, 周琼, 周瑞阳. 红麻 RPT4 全长 cDNA 的克隆及其在红麻花药中的表达. 中国农业科学, 2011, 44 (7): 1 323 – 1 330.

[65] 李建军, 黄思齐, 唐慧娟, 陈安国, 李辉, 李德芳. 超高产型杂交红麻中杂红 368 的选育. 中国麻业科学, 2013, 35 (6): 277 – 284.

[66] 李俊峰, 陆军迎, 张燕梅, 周文钊. 剑麻 (Agave hybrid No 11648) 花芽分化期内源激素水平变化的研究. 中国麻业科学, 2012, 34 (6): 255 – 259.

[67] 李仕金, 辛培尧, 郭鸿彦, 杨明. 大麻雄性相关 RAPD 和 SCAR 标记的研究. 广东农业科学, 2012, 39 (24): 151 – 154.

[68] 李彦坤, 臧巩固, 赵立宁, 李育君, 唐蜻, 程超华. 整体透明技术观察悬铃叶苎麻胚胎发育的方法研究. 中国麻业科学, 2011, 33 (3): 142 – 146.

[69] 廖小芳, 赵艳红, 周步进, 杨健, 周瑞阳. 低温胁迫对红麻细胞质雄性不育系及其保持系的形态及光合生理的影响. 中国农业大学学报, 2013, 18 (4): 37 – 44.

[70] 廖小芳, 周步进, 杨健, 陈鹏, 周琼, 周瑞阳. 红麻细胞质雄性不育系与保持系苗期耐冷生理研究. 中国农业大学学报, 2012, 17 (3): 49 – 56.

[71] 廖英明, 徐建堂, 祁建民, 林荔辉, 周瑞阳, 方平平, 陶爱芬. 红麻细胞质雄性不育系与保持系总蛋白提取及双向电泳体系优化. 热带作物学报, 2013, 34 (7): 1 294 – 1 299.

[72] 林荔辉, 祁建民, 林培清, 吴建梅, 邱国清, 张丽梅, 唐超凡, 池仁漫. 光钝感杂交红麻新组合福航优2号主要特性及其配套技术. 中国麻业科学 2013, 35 (2): 81 – 85.

[73] 林培清, 祁建民, 林荔辉, 池仁漫, 何凡. 菜用黄麻新品种福农系列的选育与开发. 亚热带农业研究, 2011, 7 (2): 79 – 83.

[74] 林培清, 祁建民, 徐建堂, 方平平, 林荔辉, 陶爱芬, 吴建梅, 池仁漫. 高产抗病圆果黄麻新品种福黄麻3号选育研究. 中国麻业科学, 2012, 34 (3):

105-108.

[75] 刘倩, 陈基权, 戴志刚, 温岚, 龚友才, 粟建光. 红麻种质资源的聚类分析与DNA指纹图谱构建. 中国麻业科学, 2013, 35 (2): 69-74.

[76] 刘倩, 戴志刚, 陈基权, 温岚, 龚友才, 粟建光. 应用SRAP分子标记构建红麻种质资源分子身份证. 中国农业科学, 2013, 46 (10): 1 974-1 983.

[77] 刘巧莲, 朱军, 高建明, 张世清, 陈河龙, 郑金龙, 易克贤. 外植体和培养因子对剑麻不定芽诱导及植株再生的影响. 热带农业科学, 2014, 34 (4): 42-45.

[78] 刘艳芝, 樊丽华, 韦正乙, 王方鹏, 王世发, 刘淑莲, 谭化, 凤桐. 吉林省主栽亚麻品种组织培养再生植株. 吉林农业科学, 2011, 36 (5): 13-15.

[79] 龙松华, 陈信波, 邓欣, 邱财生, 刘其宁, 刘飞虎, 郝冬梅, 郭媛, 王玉富. 不同生态条件下亚麻基因表达谱的基因芯片分析. 中国麻业科学, 2011, 33 (2): 65-69.

[80] 龙松华, 李翔, 陈信波, 乔瑞清, 邓欣, 邱财生, 郭媛, 郝冬梅, 王玉富. 亚麻4CL基因克隆及RNAi遗传转化. 西北植物学报, 2014, 34 (12): 2 405-2 411.

[81] 龙松华, 乔瑞清, 陈信波, 邱财生, 邓欣, 郭媛, 郝冬梅, 王玉富. RACE法克隆亚麻COMT基因及生物信息学分析. 生物技术通报, 2013 (12): 78-83.

[82] 龙松华, 乔瑞清, 李翔, 陈信波, 邓欣, 邱财生, 郭媛, 郝冬梅, 王玉富. 亚麻木质素合成相关基因COMT RNAi表达载体构建及转化. 中国麻业科学, 2014, 36 (4): 169-173.

[83] 陆军迎, 张燕梅, 李俊锋, 周文钊. 剑麻AsKNOX I 基因克隆及蛋白表达分析. 植物生理学报, 2015, 51 (4): 517-522.

[84] 吕平, 韦丽君, 金刚, 庞新华. 笹之雪组织培养和植株再生体系研究. 西南农业学报, 2014, 27 (5): 2 145-2 149.

[85] 牛海龙, 潘亚丽, 王世发, 刘淑莲, 刘海龙, 徐驰. 纤维用亚麻吉亚5号选育报告. 农业与技术, 2014, 34 (9): 132, 165.

[86] 潘其辉, 高海军, 龚秋林, 陈勇玲, 陈晓蓉, 欧阳爱平, 刘上信, 刘灵燕. 中国苎麻属野生种资源多样性保护现状与对策. 中国麻业科学, 2012, 34 (6): 291-296, 301.

[87] 潘兹亮, 吕玉虎, 张丽霞, 王琴. 红麻优异种质资源引进鉴定利用研究. 中国

麻业科学, 2011, 33 (3): 112-114.

[88] 秦先超, 祁建民, 方平平. 麻类作物组织培养及遗传转化研究进展. 植物遗传资源学报, 2012, 13 (04): 589-595.

[89] 谭龙涛, 喻春明, 陈平, 王延周, 陈继康, 温岚, 熊和平. 样本量对中苎1号群体遗传多样性参数的影响. 中国麻业科学, 2012, 34 (4): 179-183.

[90] 汤清明, 唐守伟, 朱四元, 刘头明. 2011—2012年全国黄麻新品种（系）区域试验总结. 中国麻业科学, 2013, 35 (3): 122-131.

[91] 汤清明, 唐守伟, 朱四元, 刘头明. 2012年全国黄麻新品种（系）生产试验总结. 中国麻业科学, 2013, 35 (4): 175-181.

[92] 汤志成, 陈璇, 张庆滢, 郭鸿彦, 杨明. 野生大麻种质资源表型及其RAPD遗传多样性分析. 西部林业科学, 2013, 42 (3): 61-66.

[93] 唐蜻, 臧巩固, 赵立宁, 李育君, 程超华. 几个大麻品种种子辐射敏感性的初步确定. 中国麻业科学, 2011, 33 (5): 240-243.

[94] 唐向民, 金刚, 李刚, 周琼, 陈鹏, 周瑞阳. 红麻Ms5基因的克隆及多转录本分析. 华中农业大学学报, 2012, 31 (5): 536-540.

[95] 唐志敏, 胡学礼, 孙涛, 赵永祥, 严洪斌, 周英, 李树忠, 谭元花, 段超, 李红. 不同大麻品种（系）在西双版纳州种植的适应性观察. 南方农业学报, 2012, 43 (2): 160-163.

[96] 陶爱芬, 祁建民, 李木兰, 方平平, 林荔辉, 徐建堂. SRAP结合ISSR方法分析黄麻属的起源与演化. 中国农业科学, 2012, 45 (1): 16-25.

[97] 陶爱芬, 祁建民, 粟建光, 方平平, 林荔辉, 徐建堂, 吴建梅, 林培清. 黄麻种质资源遗传多样性的SRAP分析. 植物科学学报, 2012, 30 (2): 178-187.

[98] 陶爱芬, 祁建民, 粟建光, 李爱青, 李木兰, 方平平, 林荔辉, 徐建堂, 吴建梅, 林培清. SRAP和ISSR及两种方法结合在分析黄麻属起源与演化上的比较. 作物学报, 2011, 37 (12): 2 277-2 284.

[99] 陶爱芬, 祁建民, 徐建堂, 林荔辉, 方平平, 吴建梅, 林培青. 光钝感、高产红麻新品种福红航992的选育. 中国麻业科学, 2011, 33 (1): 1-3.

[100] 田斌, 郭鸿彦, 杨明, 辛培尧. 大麻多倍体诱导的初步研究. 江西农业学报, 2013, 25 (6): 51-54.

[101] 汪斌, 祁伟, 兰涛, 陈惠端, 徐建堂, 粟建光, 李爱青, 祁建民. 应用ISSR分子标记绘制红麻种质资源DNA指纹图谱. 作物学报, 2011, 37 (6):

1 116-1 123.

[102] 王玉富,贾婉琪,邱财生,龙松华,郭媛,邓欣,陈信波,郝冬梅.亚麻高效再生体系的优化研究.中国油料作物学报,2014,36(5):661-666.

[103] 巫桂芬,徐鲜均,徐建堂,陶爱芬,张立武,魏丽真,潘漠,方平平,林荔辉,祁建民.利用SRAP、ISSR、SSR标记绘制黄麻基因源分子指纹图谱.作物学报,2015,41(3):367-377.

[104] 吴建忠,黄文功,康庆华,赵东升,袁红梅,于莹,刘岩,姜卫东,程莉莉,宋喜霞,赵茜,吴广文,关凤芝.亚麻遗传连锁图谱的构建.作物学报,2013,39(6):1 134-1 139.

[105] 吴建忠,姜卫东,赵茜,关凤芝.亚麻几个农艺性状表现及相关分析.安徽农业科学,2013,41(14):6 181-6 182.

[106] 吴建忠,赵东升,黄文功,刘岩,于莹,姜卫东,赵茜,康庆华,程莉莉,袁红梅,吴广文,关凤芝.12个亚麻品种亲缘关系的SRAP分析.中国麻业科学,2012,34(4):153-156.

[107] 吴建忠,赵茜,关凤芝.11个亚麻品种的产量特征分析.黑龙江农业科学,2012(10):18-20.

[108] 武耀龙,李德芳,黄思齐,李建军,唐慧娟,陈艳翠,陈安国.红麻SRAP-PCR反应体系优化及多态性引物的筛选.中国麻业科学,2014,36(1):1-7.

[109] 信朋飞,臧巩固,赵立宁,高春生,程超华,唐蜻.大麻SSR标记的开发及指纹图谱的构建.中国麻业科学,2014,36(4):174-182.

[110] 邢虎成,揭雨成,周清明,佘玮,王亮,崔国贤,杨瑞芳.苎麻雄性不育种质的鉴定分类研究.中国农学通报,2011,27(15):106-111.

[111] 邢虎成,王亮,揭雨成,周清明,佘玮,崔国贤.雌性与雌雄异花同株苎麻农艺性状和叶绿素与碳氮含量的比较.作物研究,2011,25(4):354-357.

[112] 徐建堂,祁建民,陈涛,陈美霞,方平平,陶爱芬.适合于胞质基因组扩增的红麻成熟叶片DNA提取改良方法.植物遗传资源学报,2013,14(2):347-351.

[113] 徐建堂,祁建民,林荔辉,林培清,陶爱芬,方平平.红麻光周期诱导下部分生理指标的变化.福建农林大学学报:自然科学版,2013,42(1):10-13.

[114] 徐建堂,祁建民,林培清,张高阳,陶爱芬,方平平.红麻叶绿体DNA非编码区扩增及PCR-RFLP多态性分析.福建农林大学学报:自然科学版,

2013, 42 (2): 166 – 170.

[115] 杨龙, 胡万群, 雷长武. 高产抗逆杂交红麻新品种 H318 在安徽麻区的适应性分析. 中国麻业科学, 2011, 33 (4): 165 – 168.

[116] 杨龙, 胡万群, 孙贤礼, 潘敬河, 雷长武. 高产稳产抗逆杂交红麻新品种 H368 在安徽麻区的适应性研究. 中国麻业科学, 2014, 36 (3): 142 – 145.

[117] 杨阳, 周洪友, 杜光辉, 李丁末, 刘光花, 刘飞虎. 工业大麻群体结构与个体发育关系初探. 中国麻业科学, 2014, 36 (1): 33 – 37.

[118] 姚运法, 曾日秋, 洪建基, 红麻不育系高产制种技术研究. 中国麻业科学, 2015, 37 (2): 64 – 69.

[119] 姚运法, 洪建基, 曾日秋. 黄麻新品种在福建漳州地区适应性表现. 吉林农业, 2012 (10): 58 – 60.

[120] 于莹, 黄文功, 姜卫东, 康庆华, 赵东升, 吴广文, 关凤芝. 理化诱变亚麻 M1 农艺性状的初步分析. 黑龙江农业科学, 2013 (11): 5 – 8.

[121] 张高阳, 祁建民, 徐建堂, 牛小平, 张雨佳, 张立武, 陶爱芬, 方平平, 林荔辉. 圆果黄麻纤维素合成酶基因 CcCesA1 的克隆及利用反义载体转化拟南芥. 作物学报, 2014, 40 (5): 816 – 822.

[122] 张海军, 郭丽, 王明泽, 车野, 侯丽, 李泽宇, 王殿奎. 大麻基因组 DNA 提取方法的比较与优化. 中国麻业科学, 2014, 36 (4): 188 – 190.

[123] 张加强, 骆霞虹, 陈常理, 朱关林, 金关荣. 圆果种黄麻主要经济性状与纤维产量的相关及灰色关联分析. 中国麻业科学, 2015, 37 (2): 70 – 74, 79.

[124] 张立武, 黄文轩, 陶爱芬, 林荔辉, 徐建堂, 方平平, 祁建民. 一个黄麻矮秆种质株高性状对外源激素的敏感性. 中国农业科学, 2015, 48 (10): 1 892 – 1 899.

[125] 张立武, 黄枝秒, 万雪贝, 林荔辉, 徐建堂, 陶爱芬, 方平平, 祁建民. 红麻光周期钝感材料鉴定与遗传分析. 作物学报, 2014, 40 (12): 2 098 – 2 103.

[126] 张立武, 袁民航, 何雄威, 刘星, 方平平, 林荔辉, 陶爱芬, 徐建堂, 祁建民. GenBank 数据库中黄麻 EST – SSR 标记的开发及其通用性评价. 作物学报, 2014, 40 (7): 1 213 – 1 219.

[127] 张丽霞, 潘兹亮, 吕玉虎, 王琴, 凌萍. 红麻主要产量性状的相关性和主成分分析. 广东农业科学, 2012, 39 (18): 29 – 31.

[128] 张丽霞, 王琴, 吕玉虎, 潘兹亮, 凌萍. '福红 992' 茎粗与出麻率的相关性分析. 中国农学通报, 2011, 27 (33): 57 – 59.

[129] 张世清, 易克贤, 郑金龙, 陈河龙, 刘巧莲, 高建明. 剑麻 H. 11648 离体培养与植株再生的研究. 江西农业学报, 2012, 24 (4): 17-19.

[130] 张新, 董娜, 刘明久, 潘兹亮. 豫北盐碱地引种红麻杂交种试验初报. 生态学杂志, 2014, 33 (1): 59-64.

[131] 张燕梅, 陈志, 李俊峰, 周文钊, 陆军迎. 剑麻愈伤组织的诱导和再生体系的建立. 热带作物学报, 2013, 34 (1): 61-66.

[132] 张燕梅, 李俊峰, 陆军迎, 乔飞, 胡玉林, 周文钊. 剑麻四倍体诱导与倍性鉴定. 热带作物学报, 2013, 34 (8): 1 409-1 415.

[133] 张燕梅, 李俊峰, 周文钊, 林映雪. 抗生素对剑麻愈伤组织生长和植株再生的影响. 热带农业科学, 2013, 33 (1): 5-10.

[134] 张燕梅, 李俊峰, 周文钊. 烷化剂 EMS 诱导剑麻愈伤组织突变方法研究. 中国麻业科学, 2013, 35 (2): 86-90.

[135] 赵洪涛, 李初英, 黄其椿, 赵艳红, 方岩岩. 广西引种菜用黄麻试验初报. 中国麻业科学, 2012, 34 (2): 70-73.

[136] 赵洪涛, 李初英, 黄其椿, 赵艳红. 黄麻引进年新品系的比较试验研究. 中国农学通报, 2013, 29 (12): 91-95.

[137] 郑建树, 喻春明, 陈平, 王延周, 谭龙涛, 卢凌霄, 陈继康, 朱涛涛, 熊和平. 苎麻叶绿体 DNA 的提取及分析. 中国麻业科学, 2013, 35 (5): 239-243.

[138] 郑建树, 喻春明, 陈平, 王延周, 谭龙涛, 朱涛涛, 陈继康, 卢凌霄, 熊和平. 苎麻胞液型谷氨酰胺合成酶基因的克隆和超量表达载体构建. 中国麻业科学, 2014, 36 (2): 57-63.

2. 栽培与耕作

[1] Deng G, Liu L J, Zhong X Y, Lao C Y, Wang H Y, Wang B, Zhu C, Shah F, Peng D X. Comparative proteome analysis of the response of ramie under N, P and K deficiency. Planta, 2014, 239 (6): 1 175-1 186.

[2] Li F T, Qi J M., Zhang G Y, Lin L H, Fang P P, Tao A F, Xu J T. Effect of cadmium stress on the growth, antioxidative enzymes and lipid peroxidation in two kenaf (*Hibiscus cannabinus* L.) plant seedlings. Journal of Integrative Agriculture, 2013, 12 (4): 610-620.

[3] Liu L J, Chen H Q, Dai X B, Wang H, Peng D X. Effect of planting density and fertilizer application on fiber yield of ramie (*Boehmeria nivea*). Journal of Integra-

tive Agriculture 2012, 11 (7): 1 199 - 1 206.

[4] Liu L J, Lao C Y, Zhang N, Chen H Q, Deng G, Zhu C, Peng D X. The effect of new continuous harvest technology of ramie (*Boehmeria nivea* L. Gaud.) on fiber yield and quality. Industrial Crops & Products, 2013, 44 (2): 677 - 683.

[5] Liu L J, Tang D L, Dai X B, Yu R Q, Peng D X. Effect of a new continuous production technology of ramie (*Boehmeria nivea*) on fiber yield and fineness. International Journal of Agriculture & Biology. 2012, 14 (1): 87 - 90.

[6] Liu T M, Zhu S Y, Fu L L, Yu Y T, Tang Q M, Tang S W. (2013) Morphological and physiological changes of ramie (*Boehmeria nivea* L. Gaud) in response to drought stress and GA3 treatment. Russia Journal of Plant Physiology, 2013, 60 (6): 749 - 755.

[7] She W, Cui G X, Jie Y C, Bai Y C, Cao Y, Xiao C X. Comparative effects of chelants on plant growth, cadmium uptake and accumulation in nine cultivars of ramie. Acta Agriculturae Scandinavica, Section B — Soil & Plant Science. 2014, 64 (1): 71 - 78.

[8] Zhu Q H, Huang D Y, Liu S L, Luo Z C, Zhu H H, Zhou B, Lei M, Rao Z X, Cao X L. Assessment of single extraction methods for evaluating the immobilization effect of amendments on cadmium in contaminated acidic paddy soil. Plant Soil & Environment, 2012, 58 (2): 98 - 103.

[9] 白玉超,崔国贤,代英男,张小龙,孙敬钊,曹诣. 苎麻败蔸要因及综合防治. 作物研究, 2014, 28 (4): 443 - 446.

[10] 白玉超,崔国贤,马渊博,肖呈祥,赵丹博. 苎麻叶面施肥研究进展. 中国麻业科学, 2012, 34 (3): 142 - 145.

[11] 白玉超,崔国贤,张小龙,孙敬钊,曹诣,李雪玲,黄敏升. 不同配方叶面肥对苎麻生长及生理特性的影响. 中国麻业科学, 2014, 36 (3): 131 - 136.

[12] 白玉超,郭婷,佘玮,刘楠楠,曹诣,肖呈祥,崔国贤. 不同配方叶面肥对苎麻产量、纤维支数及败蔸情况的影响. 中国麻业科学, 2015, 37 (2): 80 - 86.

[13] 白玉超,李雪玲,黄敏升,孙敬钊,张小龙,曹诣,崔国贤. 50年来中国苎麻种植情况与前景展望. 作物研究, 2014, 28 (5): 547 - 550.

[14] 蔡来龙,方平平,王正茂,林俊城. 不同品种、密度和留桩高度对菜用黄麻产量的影响. 长江蔬菜, 2012 (8): 35 - 38.

[15] 蔡敏,吕发生,周光凡,李雅玲,彭玉梅.苎麻/榨菜套作模式对土壤有效养分及相关酶活性的影响.贵州农业科学,2015,43(9):63-65.

[16] 蔡敏,彭玉梅,李雅玲,吕发生,胡代文,周光凡.不同苎麻/榨菜(茎瘤芥)套作方式对土壤有效养分及相关酶活性的影响.广东农业科学,2015,42(16):27-31.

[17] 蔡敏,周光凡,吕发生,李雅玲.苎麻新品种在重庆三峡库区的适应性比较研究.中国麻业科学,2015,37(1):9-13.

[18] 曹诣,崔国贤,刘楠楠,黄敏升,李雪玲,白玉超.利用"3414"实验设计进行苎麻测土配方施肥研究.中国麻业科学,2015,37(3):138-143.

[19] 曹诣,佘玮,崔国贤,白玉超,王辉.苎麻"3414"肥效试验及经济效益分析.中国作物学会学术年会论文集,2014.

[20] 陈安国,陶学江,伍涛,王汉骏,李德芳,王乐军.南疆阿拉尔盐碱地红麻的生长特性及密度对产量的影响.作物研究,2013,27(2):128-130.

[21] 陈常理,骆霞虹,张加强,朱关林,金关荣.免耕对土壤理化性状和红麻生长及产量形成的影响.中国麻业科学,2013,35(6):300-306.

[22] 陈继康,熊和平.苎麻栽培与耕作研究进展.中国麻业科学,2015,37(4):216-222.

[23] 陈军,莫良玉,阮莉,周瑞阳,王瑞刚,范稚莲.不同黄、红麻对土壤重金属的积累和分布特性研究.广东农业科学,2012,39(10):25-28.

[24] 陈平,郭阳,喻春明,王延周,陈继康,谭龙涛,熊和平.氮钾配施对中苎2号植株鲜重及原麻产量的影响.湖南农业科学,2013(3):28-30.

[25] 陈涛,王贵美,沈伟伟,李小珍,祁建民,徐建堂,陶爱芬,刘晓倩.盐胁迫对红麻幼苗生物及抗氧化酶活性的影响.植物科学学报,2011,29(4):493-501.

[26] 邓欣,邱财生,陈信波,龙松华,郭媛,郝冬梅,王玉富.钾肥施用量影响亚麻抗倒伏性的研究.中国麻业科学,2014,36(4):194-198.

[27] 丁莎莎,崔国贤,马渊博,白玉超,陈兵兵,郭婷.苎麻营养与施肥的研究现状及发展前景.作物研究,2012,26(1):99-102.

[28] 杜光辉,周波,李熠,朱睿,刘飞虎.云南大麻品种抗旱性研究初报.中国麻业科学,2014,36(6):289-298.

[29] 付莉莉,刘头明,朱四元,汤清明,唐守伟.冬培不同覆盖处理对苎麻生长的影响.湖南农业科学,2013(3):31-33.

[30] 付莉莉，刘头明，朱四元，汤清明，唐守伟．苎麻 WRKY 转录因子的序列分析．中国麻业科学，2013，35（3）：113-117．

[31] 郭鸿彦，郭孟璧，胡学礼，许艳萍，伍菊仙，陈璇，张庆滢，杨明．工业大麻品种"云麻1号"籽、秆高产栽培模型研究．西南农业学报，2011，24（3）：888-895．

[32] 郭婷，崔国贤，丁莎莎，白玉超，陈兵兵．氮素营养诊断技术及在麻类上应用研究进展．中国麻业科学，2011，33（6）：36-40．

[33] 郭媛，邱财生，龙松华，邓欣，郝冬梅，王玉富．盐碱胁迫对不同地区亚麻主栽品种种子萌发的影响．种子，2013，32（12）：1-5．

[34] 郭媛，王玉富，邱财生，龙松华，邓欣，郝冬梅．干旱胁迫对不同大麻品种生理特性和生长的影响研究初报．中国麻业科学，2011，33（5）：235-237．

[35] 贺丽江，陈雷宇，李文略，钟新月，刘立军，彭定祥．干旱胁迫下喷施甜菜碱对苎麻生理特性及产量的影响．中国麻业科学，2015，37（3）：130-134．

[36] 胡万群，杨龙，吕咏梅，孙贤礼，刘志超，孙云开，胡娟．不同施肥水平对皖大麻1号纤维产量的影响．安徽农学通报，2012，18（22）：31-32，35．

[37] 胡万群，杨龙，吕咏梅，孙贤礼，刘志超，孙云开，胡娟．不同栽培因素对红麻纤维产量的影响．中国麻业科学，2013，35（2）：102-106．

[38] 黄其椿，李初英，赵洪涛，刘吉敏．新型菜用黄麻福农1号的特征特性及高产栽培技术．广东农业科学，2011，38（14）：35-35．

[39] 黄其椿，李初英，赵洪涛，赵艳红，杨守臻，吴建明．品种、播期及密度对红麻生长发育及产量性状的影响．南方农业学报，2013，44（1）：43-48．

[40] 金蕊，刘飞虎，杨明挚．不同品种工业大麻的内生真菌多样性及其分布特征．云南大学学报：自然科学版，2013，35（5）：697-702．

[41] 金蕊，钱正强，刘飞虎，杨明挚．工业大麻的营养吸收及其动力学特征．云南大学学报：自然科学版，2015，37（2）：303-309．

[42] 金蕊，杨明挚，刘飞虎．工业大麻内生真菌菌群结构及其在植株内的空间分布特征．中国农学通报，2013，29（36）：313-318．

[43] 金蕊，杨明挚，刘飞虎．回接内生真菌对工业大麻生理及农艺性状的影响．植物分类与资源学报，2014，36（1）：65-69．

[44] 景宁宁，苏文华，张光飞，周睿．重金属锌污染土地大麻种植试验．安徽农业科学，2013，41（5）：1994-1996．

[45] 康红梅，赵铭森，孔佳茜，孟晓康．密度、肥料、保水剂对工业大麻麻皮产

量的影响. 山西农业科学, 2014, 42 (8): 862-864.

[46] 劳承英, 刘立军, 汪波, 邓刚, 叶胜拓, 陈雷宇, 彭定祥. 喷施氯吡苯脲对苎麻纤维产量和品质的影响. 中国麻业科学, 2013, 35 (1): 28-32.

[47] 雷长武, 杨龙, 胡万群. 江淮丘陵岗地红麻高产栽培技术. 安徽农学通报, 2011, 17 (14): 164, 166.

[48] 黎栋, 杨健, 窦俊焕, 武路云, 陈鹏, 周琼, 莫良玉, 何冰, 范稚莲, 周瑞阳. 黄麻幼苗期对干旱胁迫的形态生理响应及抗旱性评价. 西南农业学报, 2013, 26 (1): 125-130.

[49] 李朝东, 崔国贤, 谢宁, 丁莎莎, 陈兵兵, 白玉超. 应用数字图像技术诊断苎麻氮素营养的研究简报. 植物营养与肥料学报, 2011, 17 (3): 767-772.

[50] 李朝东, 崔国贤, 谢宁, 丁莎莎, 陈兵兵, 白玉超. 苎麻叶片SPAD值与氮素含量关系的初步研究. 中国麻业科学, 2011, 33 (1): 20-23.

[51] 李丰涛, 祁建民, 牛韶华, 方平平, 林荔辉, 陶爱芬, 徐建堂. 闽中南红麻种植田土壤重金属含量及其富集特征. 福建农林大学学报: 自然科学版, 2013, 42 (2): 127-133.

[52] 刘浩, 张云云, 胡华冉, 杜光辉, 杨阳, 刘飞虎. 氮磷钾配施对大麻产量和养分利用效率的影响. 云南大学学报: 自然科学版, 2015, 37 (3): 460-466.

[53] 刘浩, 张云云, 胡华冉, 杜光辉, 杨阳, 刘飞虎. 氮磷钾配施对工业大麻干物质和养分积累与分配的影响. 中国麻业科学, 2015, 37 (2): 100-105.

[54] 刘立军, 王辉, 彭涛, 汪波, 彭定祥. 种植密度和施肥对华苎4号新栽麻产量的影响. 湖北农业科学, 2011, 2 (6): 675-678.

[55] 刘岩, 黄文功, 康庆华, 姜卫东, 赵东升, 周菲, 于莹, 吴建忠, 程莉莉, 袁红梅, 吴广文, 关凤芝. 土壤外源重金属铬对亚麻形态学指标的影响. 安徽农业科学, 2012, 40 (31): 15 167-15 168.

[56] 马渊博, 崔国贤, 白玉超, 孙敬钊, 张小龙, 曹诣. 水分胁迫对苎麻的影响及相关农艺措施研究. 安徽农业科学, 2014, 42 (7): 1 941-1 942.

[57] 倪水员, 徐绍才, 骆霞虹, 陈常理, 金关荣. 红麻轻简化高效生产技术应用效果研究. 现代农业科技, 2012 (5): 73, 75.

[58] 潘其辉, 刘上信, 高海军, 龚秋林, 陈勇玲, 王富强, 陈晓蓉, 林敏荣, 欧阳爱平, 刘灵燕. 宜春苎麻试验站2013年苎麻高产高效种植示范与多用途效益分析. 中国麻业科学, 2014, 36 (4): 205-209.

[59] 潘兹亮, 吕玉虎, 张丽霞, 王琴. 信阳市夏播红麻高产栽培技术研究. 中国麻业科学, 2011, 33 (4): 183-185.

[60] 潘兹亮, 王琴, 吕玉虎, 张丽霞. 红麻紫云英套种技术研究简报. 中国麻业科学, 2012, 34 (2): 101-102.

[61] 齐亮, 白玉超, 肖呈祥, 崔国贤. 作物种衣剂及其在苎麻上的应用研究进展. 作物研究, 2014, 28 (4): 440-442.

[62] 祁建民, 姜海青, 陈美霞, 徐建堂, 马红勃, 方平平, 林荔辉, 陶爱芬, 陈伟. 干旱胁迫下红麻叶片的差异蛋白表达分析. 中国农业科学, 2012, 45 (17): 3632-3638.

[63] 邱财生, 龙松华, 郭媛, 邓欣, 郝冬梅, 钟国乾, 王玉富. 利用二次正交旋转设计优化亚麻栽培技术研究. 中国麻业科学, 2014, 36 (5): 252-257.

[64] 佘玮, 崔国贤, 揭雨成. 镉胁迫对苎麻吸收积累镉的影响. 中国麻业科学, 2014, 36 (5): 243-247.

[65] 佘玮, 崔国贤, 赵丹博, 肖呈祥. 锌、铁缺失对苎麻吸收及转运重金属镉的影响. 农业环境科学学报, 2014, 33 (2): 283-287.

[66] 佘玮, 丁莎莎, 崔国贤, 杨廷良, 杨瑞芳, 陈兵兵, 白玉超, 郭婷. 钙氮配施对湘苎三号纤维产量和品质的影响. 中国麻业科学, 2011, 33 (5): 258-261.

[67] 佘玮, 揭雨成, 邢虎成, 崔国贤, 鲁雁伟, 康万利. 不同程度污染农田苎麻吸收积累镉特性研究. 中国农学通报, 2012, 28 (14): 275-279.

[68] 孙涛, 陈学文, 李树忠, 玉儿扁, 龙岑, 蒋晓云. 工业大麻坡耕地高产、高效种植技术研究与推广. 科学与技术, 2014, 10.

[69] 孙涛, 谢志英, 陈燕萍, 唐志敏, 察梅仙. 勐海县大麻种植地土壤氮、磷、钾肥力状况初探. 云南农业科技, 2010 (5): 17-18.

[70] 唐慧娟, 李德芳, 陈安国, 李建军, 黄思齐. 红麻637工程的初步研究. 中国麻业科学, 2012, 34 (6): 252-254.

[71] 王春雪, 纪中华, 李纪潮, 潘志贤, 岳学文, 闫邦国, 易克贤. 三种剑麻品种抗旱生理指标比较及抗旱性评价. 热带作物学报, 2014, 35 (10): 1912-1919.

[72] 王道波, 贝晓晓, 李伏生, 周瑞阳. 不同生育期灌水水平对红麻生长和产量的影响. 干旱地区农业研究, 2014, 32 (3): 62-69.

[73] 王道波, 陈意超, 李伏生, 宋岩, 农梦玲, 周瑞阳. 水肥运筹对红麻纤维产

量和品质的影响. 广东农业科学, 2014, 41 (23): 61-65, 77.

[74] 王道波, 李伏生, 宋岩, 周瑞阳. 灌水水平和肥料运筹对红麻生长和养分吸收的影响. 节水灌溉, 2015 (6): 1-5, 9.

[75] 王道波, 李伏生, 周瑞阳. 氮磷钾肥运筹对红麻养分利用的影响. 华南农业大学学报, 2014, 35 (6): 33-40.

[76] 王道波, 李伏生, 周瑞阳. 施肥水平和方式对红麻生长和产量的影响. 华中农业大学学报, 2014, 33 (4): 13-18.

[77] 王玉富, 郭媛, 汤清明, 邱财生, 龙松华, 邓欣, 郝冬梅. 亚麻修复重金属污染土壤的研究与应用. 作物研究, 2015, 29 (4): 449-454.

[78] 韦兰洁, 莫良玉, 侯定基, 周瑞阳, 范稚莲, 潘达龙. 红麻对土壤中 Pb 和 Zn 的耐受性及吸收特性. 贵州农业科学, 2014, 42 (10): 240-243.

[79] 温岚, 陈基权, 戴志刚, 龚友才, 刘倩, 李楠, 粟建光. 长果黄麻产叶量的多元回归与偏相关的 R 语言分析. 作物杂志, 2013 (1): 49-53.

[80] 习金根, 陈河龙, 谭施北, 高建明, 张世清, 郑金龙, 易克贤. 不同施氮水平对剑麻生长的影响. 广东农业科学, 2013, 40 (9): 62-64.

[81] 习金根, 陈涛, 张小玲, 韦艳明, 王春田, 谭施北, 易克贤. 广西山好农场剑麻园土壤养分状况研究. 热带农业科学, 2014, 34 (6): 10-13.

[82] 习金根, 兰天, 贺春萍, 郑肖兰, 吴伟怀, 梁艳琼, 李锐, 郑金龙, 易克贤. 水肥运筹对剑麻幼苗生长的影响. 热带作物学报, 2013, 34 (10): 1 877-1 882.

[83] 习金根, 谭施北, 贺春萍, 吴伟怀, 郑肖兰, 梁艳琼, 李锐, 郑金龙, 易克贤. 不同磷水平对剑麻生长和磷肥效率的影响. 热带作物学报, 2014, 35 (11): 2 109-2 114.

[84] 习金根, 韦艳明, 张小玲, 郑金龙, 谭施北, 易克贤. 缺乏不同营养元素对剑麻幼苗生长和养分含量的影响. 热带作物学报, 2013, 34 (3): 403-407.

[85] 习金根, 郑金龙, 贺春萍, 易克贤. 不同麻龄剑麻大中量营养元素分配及地上部养分累积特性的研究. 热带作物学报, 2013, 34 (4): 596-601.

[86] 习金根, 郑金龙, 谭施北, 易克贤. 海南剑麻土壤养分状况比较研究. 安徽农业科学, 2012, 40 (30): 14 804-14 805.

[87] 习金根, 郑金龙, 易克贤. 干旱胁迫对剑麻幼苗生理生化的影响. 中国麻业科学. 2012, 34 (5): 216-219.

[88] 习金根, 郑金龙, 易克贤. 高产剑麻营养特性研究. 贵州农业科学, 2012, 40

(11): 87-89.

[89] 许艳萍, 陈璇, 郭孟璧, 张庆滢, 何晓莹, 郭鸿彦, 杨明. 4种重金属胁迫对工业大麻种子萌发的影响. 西部林业科学, 2014, 43 (4): 78-82.

[90] 杨峰, 刘巧莲, 代真真, 陈河龙, 高建明, 郑金龙, 易克贤. 不同基本培养基和外植体对剑麻愈伤组织诱导及分化的影响. 热带作物学报, 2012, 33 (3): 475-478.

[91] 杨健, 孔祥军, 周不进, 廖小芳, 周瑞阳. 红麻种子发芽期对NaCl的耐性鉴定. 天津农业科学, 2013, 19 (8): 10-13.

[92] 杨柳, 周瑞阳, 金声杨. PEG模拟干旱胁迫对11份黄麻种子萌发的效应. 南方农业学报, 2011, 42 (7): 715-718.

[93] 杨瑞芳, 崔国贤, 肖红松, 佘玮, 邢虎成. 喷施多效唑对苎麻生长发育的影响. 湖南农业科学, 2011 (13): 37-40.

[94] 杨瑞芳, 佘玮, 崔国贤. 渍水对苎麻经济性状及产量的影响. 现代农业科技, 2012 (13): 15, 17.

[95] 姚运法, 洪建基, 曾日秋, 杨炎兴. PEG胁迫处理对圆果种黄麻萌发期抗旱性影响的研究. 福建农业学报, 2013, 28 (5): 457-462.

[96] 于莹, 吴广文, 黄文功, 赵东升, 康庆华, 姜卫东, 宋喜霞, 刘岩, 吴建忠, 程莉莉, 袁红梅, 关凤芝. 2个亚麻品种萌发期耐盐碱性比较研究. 中国麻业科学, 2013, 35 (3): 139-143.

[97] 曾日秋, 洪建基, 姚运法. 红麻皮籽兼收优化栽培技术研究. 热带农业科学, 2014, 34 (4): 25-28.

[98] 曾祥福, 崔国贤, 欧阳西荣. 施肥和密度对苎麻纤维产量和品质的影响. 中国农学通报, 2013, 29 (25): 146-150.

[99] 曾祥福, 崔国贤, 欧阳西荣. 施肥和密度对苎麻营养生理的影响. 中国农学通报, 2013, 29 (22): 90-95.

[100] 张加强, 金关荣, 陈常理, 骆霞虹, 朱关林. 不同覆盖措施对滨海盐碱地麻田土壤环境及红麻生长的影响. 中国作物学会学术年会论文集, 2013.

[101] 张加强, 潘凤英, 窦俊焕, 陈鹏, 周琼, 周瑞阳. 红麻杂交种的根系生长对盐胁迫的抗性优势表现. 中国农业大学学报, 2011, 16 (5): 6-12.

[102] 张加强, 潘凤英, 廖小芳, 周瑞阳, 杨健, 黄龙. 红麻杂交种幼苗生长对盐胁迫的响应. 华中农业大学学报, 2011, 30 (5): 552-557.

[103] 张丽霞, 潘兹亮, 吕玉虎, 王琴, 郭晓彦, 乔利. 春播和夏播对红麻产量及经

济性状的影响. 中国麻业科学, 2013, 35 (4): 195-198.

[104] 张正, 陈晓露, 石书兵, 崔宏亮. 不同氮肥水平对亚麻植株性状及原茎产量的影响. 中国麻业科学, 2013, 35 (6): 313-318.

[105] 赵丹, 莫良玉, 刘铭, 周瑞阳. 氮胁迫对红麻生理生化特性及干茎产量的影响. 南方农业学报, 2011, 42 (6): 609-611.

[106] 赵洪涛, 李初英, 黄其椿, 赵艳红, 叶陧, 陈继明, 唐兴富. 不同栽培密度和施肥量对巴马火麻生长发育及麻籽产量的影响. 南方农业学报, 2015, 46 (2): 232-235.

[107] 朱聪, 代小兵, 汤涤洛, 劳承英, 邓纲, 钟新月, 彭定祥. 氮钾施肥对苎麻光合速率及叶绿素相对含量的影响. 中国麻业科学, 2013, 35 (5): 244-248.

[108] 朱四元, 刘头明, 汤清明, 唐守伟. 不同连作障碍因子对苎麻农艺性状的影响. 中国麻业科学, 2014, 36 (3): 137-141.

3. 病虫草害防控

[1] Gao J M, Yang F, Zhang S Q, Li J Z, Chen H L, Liu Q L, Zheng J L, Xi J G, Yi K X. Expression of a hevein-like gene in transgenic *Agave hybrid* No. 11648 enhances tolerance against zebra stripe disease. Plant Cell, Tissue and Organ Culture (PCTOC), 2014, 119 (3): 579-585.

[2] Tang X K, Zhou X M, Wu J, Li J B, Bai L Y. A novel function of sanshools: The alleviation of injury from metolachlor in rice seedlings. Pesticide Biochemistry & Physiology, 2014, 110 (1): 44-49.

[3] Yu Y T, Liu H L Zeng L B, Zhang G, Zhu A G. A new record of *Paratylenchus lepidus* (Nematoda: Tylenchulidae) associated with ramie root in Yuanjiang, Hunan Province, China. Pakistan Journal of Zoology, 2014, 46 (2): 583-586.

[4] Yu Y T, Liu H L, Zhu A G, Zhang G, Zeng L B, Xue Z D. A review of root lesion nematode: Identification and plant resistance. Advances in Microbiology, 2012, 2 (4): 411-416.

[5] 安晓霞, 曾粮斌, 薛召东, 余永廷, 杨瑞林. 外源物质在植物抗逆中的应用研究进展. 安徽农业科学, 2014, 42 (19): 6 241-6 244, 6 246.

[6] 安晓霞, 曾粮斌, 余永廷, 杨瑞林. 三种诱抗剂处理对苎麻叶片 PPO 和 POD 活力的影响. 中国麻业科学, 2014, 36 (1): 46-50, 54.

[7] 陈兵兵, 崔国贤, 曹诣, 白玉超, 郭婷. 我国苎麻主要病虫害及综合防治. 作物研究, 2013, 27 (3): 288-292.

[8] 陈常理，金关荣，骆霞虹，朱关林，刘东华. 7 种除草剂对红麻田杂草的防除效果和安全性. 杂草科学，2011，29（2）：69-71.

[9] 陈常理，金关荣，骆霞虹，朱关林，刘东华. 氟乐灵等除草剂防除黄麻田杂草试验. 浙江农业科学，2011（5）：1 099-1 101.

[10] 陈常理，骆霞虹，朱关林，张加强，金关荣. 7 份红麻品种（系）对花生根结线虫抗性鉴定. 作物杂志，2013（5）：37-39.

[11] 陈玉森，刘晓倩，刘伟，祁建民，方树民，林荔辉，方平平，陶爱芬，黄文忠. 红麻抗炭疽病鉴定的影响因素及抗源种质筛选. 福建农业学报，2011，26（2）：200-205.

[12] 高阳，朱春晖，谭新球，刘勇，彭静，张德咏. 一种改良的快速提取小型昆虫总 RNA 的方法. 植物保护，2013，39（4）：90-93.

[13] 郭丽，王明泽，王殿奎，李泽宇，车野，张海军. 几种杀虫剂对田间大麻跳甲的防治效果. 黑龙江农业科学，2014（6）：73-74.

[14] 解啸，成飞雪，程菊娥，宋志强，刘勇，张德咏. RNAi 在植物寄生线虫中的研究及应用. 基因组学与应用生物学，2015，34（5）：1 087-1 091.

[15] 李巍，杜晓华，尚辉，邢虎成，崔国贤，杨瑞芳. 除草剂对苎麻生长及经济性状的影响. 中国农学通报，2012，28（9）：138-144.

[16] 李晓霞，沈奕德，黄乔乔，范志伟，易克贤，黄东东. 海南剑麻园杂草种类调查及防除技术研究. 中国麻业科学，2014，36（2）：89-97.

[17] 李晓霞，沈奕德，黄乔乔，范志伟，易克贤，黄东东. 海南芦笋园杂草种类调查及杂草防除技术研究. 热带农业科学，2014，34（7）：73-79.

[18] 李志飞，陈泽坦，严珍，岳建军. 丽草蛉幼虫人工饲料的研究. 热带作物学报，2013，34（3）：547-550.

[19] 梁宏合，杜国冬，王春田. 我国剑麻主要病虫害研究进展. 广东农业科学，2012，39（22）：84-87.

[20] 刘慧玲，余永廷，薛召东，曾粮斌，朱爱国. 我国苎麻根部寄生线虫调查和初步研究. 中国麻业科学，2012，34（6）：297-301.

[21] 刘巧莲，朱军，郑金龙，陈河龙，高建明，张世清，易克贤. 剑麻茎腐病 6 个病原菌生物学特性的研究. 中国麻业科学，2014，36（1）：23-27，32.

[22] 刘晓倩，祁建民，陈玉森，陈绵才，陈美霞，刘伟，方平平，林荔辉，陶爱芬. 中国红麻炭疽病病原菌的分离鉴定及 rDNA-ITS 序列分析. 中国农业科学，2012，45（17）：3 515-3 521.

[23] 孟桂元,柏连阳,邬腊梅,周静,刘泽发.不同除草剂对亚麻生长及杂草防治效果的影响.中国农学通报,2011,27(9):391-394.

[24] 孟桂元,邬腊梅,周静,柏连阳.麻类作物田杂草种类与防除技术.杂草科学,2011,29(4):5-9.

[25] 牛小平,祁建民,陈玉森,陈绵才,陈美霞,粟建光,李爱青,王会芳,芮凯,王典.红麻种质资源根结线虫病抗性鉴定.植物遗传资源学报,2013,14(2):355-360.

[26] 潘兹亮,乔利,吕玉虎,王守宝,张丽霞,王琴.信阳地区黄麻立枯病的发生情况与综合防治.中国麻业学,2011,33(6):294-297.

[27] 乔利,潘兹亮,吕玉虎,张丽霞,王琴,郭晓彦,李玉章.信阳地区红麻田主要杂草种类与分布的研究.中国麻业科学,2013,35(3):144-149.

[28] 乔利,潘兹亮,吕玉虎,张丽霞,夏明聪,郭晓彦,李梅.板井小绿叶蝉触角形态及其感器类型.中国麻业科学,2015,37(2):95-99.

[29] 王会芳,陈绵才,曾向萍,芮凯.大麻顶枯病病原鉴定及生物学特性测定.广东农业科学,2014,41(17):79-82.

[30] 王会芳,陈绵才,芮凯,王三勇.红麻根结线虫病病原鉴定初报.广东农业科学,2012,39(15):72-73.

[31] 王会芳,陈绵才,王三勇,芮凯.不同技术措施对红麻根结线虫的田间防控效果.中国植保导刊,2014,34(9):25-28.

[32] 王会芳,陈绵才,王三勇,芮凯.红麻根结线虫病的发生特点及综合防控技术.农民致富之友,2014(8):96-97.

[33] 王会芳,郑小渝,曾向萍,芮凯,陈绵才.一株高致性病性红麻炭疽病菌的鉴定.中国植物保护学会2011年学术年会论文集.北京:中国农业科学技术出版社,2011,164-166.

[34] 王忠勇,刘勇,成飞雪,张德咏,程菊娥.杀线虫苏云金芽胞杆菌的作用机理及研究进展.湖南农业科学,2013(11):69-71.

[35] 邬腊梅,柏连阳,金晨钟,罗磊,刘金萍.8种除草剂对红麻幼芽和幼根生长的影响.杂草科学,2012,30(4):41-43.

[36] 邬腊梅,柏连阳,孟桂元,金晨钟,谭显胜.八种除草剂对亚麻幼根和幼芽生长的影响初探.中国麻业科学,2012,34(6):270-272.

[37] 邬腊梅,孟桂元,柏连阳,刘祥英,蔡海林.防除南方亚麻田杂草的除草剂筛选.农药科学与管理,2011,32(3):47-49.

[38] 吴伟怀, 贺春萍, 严传帝, 郑金龙, 李锐, 郑肖兰, 刘巧莲, 易克贤. 剑麻草腐病菌基因组SSR标记开发. 热带作物学报, 2014, 35 (4): 758-763.

[39] 邢虎成, 唐映红, 薛丽君, 杨宇怿, 崔国贤. 乙草胺对苎麻农田土壤微生物数量的影响. 作物研究, 2013, 27 (2): 131-134.

[40] 熊常财, 曾粮斌, 李景柱, 汪红武, 薛召东. 苎麻主要病害的发生及防治. 中国麻业科学, 2012, 34 (2): 220-225.

[41] 徐华勤, 崔国贤, 杨知建, 赵志力, 杨凤飞. 冬闲苎麻田套种牧草对杂草生物多样性的影响. 草业科学, 2014, 31 (1): 139-143.

[42] 余永廷, 刘慧玲, 曾粮斌, 薛召东, 朱爱国. 植物根腐线虫鉴定及抗性机制研究进展. 中国植保导刊, 2013, 33 (2): 24-29.

[43] 余永廷, 薛召东, 曾粮斌, 张岗, 陈权, 朱爱国. 一种苎麻根腐病线虫的鉴定. 西北农林科技大学学报: 自然科学版, 2011, 39 (7): 105-109.

[44] 曾粮斌, 薛召东, 严智燕, 余永廷, 杨瑞林. 苎麻叶片主要化学成分与抗苎麻夜蛾关系的研究. 湖南农业科学, 2011 (19): 77-78, 82.

[45] 曾粮斌, 薛召东, 余永廷, 严智燕, 杨瑞林. 苎麻夜蛾发生规律变化及其防治技术. 湖南农业科学, 2013 (10): 23-24.

[46] 曾向萍, 郭睿, 王三勇, 陈圆, 陈绵才. 不同杀菌剂对苎麻炭疽病菌室内毒力测定. 中国植物保护学会2013年学术年会论文集. 北京: 中国农业科技出版社, 2013, 270-272.

[47] 曾向萍, 王会芳, 陈圆, 陈绵才. 不同苎麻种质资源对炭疽病的抗性初报. 中国植保导刊, 2014, 34 (11): 12-14.

[48] 曾向萍, 王会芳, 陈圆, 云霞, 陈绵才. 九种杀菌剂对大麻茎枯致病棒孢菌的室内毒力测定初报. 中国植物病理学会2014年学术年会论文集. 北京: 中国农业科学技术出版社, 2014, 538-540.

[49] 曾向萍, 王三勇, 王会芳, 陈圆, 云霞, 陈绵才. 六种杀菌剂对大麻顶枯致病镰刀菌室内毒力测定初报. 中国植物保护学会2011年学术年会论文集. 北京: 中国农业科技出版社, 2011, 476-478.

[50] 曾向萍, 王三勇, 王会芳, 陈圆, 张淼, 陈绵才. 红麻立枯丝核菌生物学特性及其室内药效测定. 中国植保导刊, 2013, 33 (5): 12-15.

[51] 张丽霞, 潘兹亮, 吕玉虎, 王琴, 乔利, 郭晓彦, 凌萍. 信阳地区菜用黄麻立枯病的发生情况及对产量的影响. 中国麻业科学, 2012, 34 (4): 174-178.

[52] 赵宁,刘勇,张德咏,程菊娥.分子生物学技术在植物寄生线虫检测鉴定中的应用.湖南农业科学,2013(3):17-20.

[53] 赵艳龙,常金梅,何衍彪,李国平,周文钊.剑麻抗斑马纹病鉴定技术研究.植物保护,2012,38(1):120-122.

[54] 赵艳龙,周文钊,李俊峰,杨玉梅.烟草疫霉菌对剑麻重要防御酶活性影响的研究.中国麻业科学,2013,35(4):191-194.

[55] 赵艳龙,周文钊,陆军迎,张燕梅,杨玉梅,何衍彪,常金梅,李国平.剑麻种质资源斑马纹病抗性鉴定及评价.热带作物学报,2014,35(4):640-643.

[56] 赵艳龙,周文钊,张燕梅,何衍彪,常金梅,李国平.剑麻斑马纹病菌生长和产孢方法的研究.广东农业科学,2012,39(5):71-73.

[57] 郑金龙,高建明,张世清,陈河龙,习金根,刘巧莲,易克贤.6种杀菌剂防治剑麻茎腐病田间药效实验.广东农业科学,2012,39(23):65-66.

[58] 周勇,王彦辉,周小毛,刘祥英,柏连阳.QuEChERS—气相色谱法检测苎麻及其土壤中8种有机磷农药残留.农药学学报,2013,15(2):217-222.

4. 设施设备

[1] 陈长林,李显旺,张礼钢,韩柏和,王锦国,罗小燕,常春.悬挂式剑麻施药喷雾机设计及试验.农机化研究,2011,33(4):130-133.

[2] 龙超海,吕江南,马兰,何宏彬.4BM-260型苎麻剥麻机的研制.中国麻业科学,2011,33(2):76-80.

[3] 龙超海,吕江南,马兰,何宏彬.苎麻剥制加工机械的研究与推广应用.湖南农机,2011,38(1):1-4,6.

[4] 龙超海,吕江南,马兰,王志军,田先明,何宏彬,刘佳杰.4HB-480型黄、红麻剥皮机的研究与试验示范.中国麻业科学,2013,35(2):96-101.

[5] 吕江南,龙超海,马兰,刘佳杰,何宏彬.大麻鲜茎剥皮机的设计与试验.农业工程学报,2014,30(14):298-307.

[6] 吕江南,龙超海,马兰,刘佳杰,赵举.全自动苎麻纤维分离机的设计.中国农机化学报,2014,35(2):159-163.

[7] 马兰,龙超海,吕江南,刘佳杰.黄、红麻剥皮机作业质量指标及其检测方法.安徽农业科学,2014,42(27):9 614,9 622.

[8] 马兰,龙超海,吕江南,刘佳杰.苎麻剥麻机械性能指标及其检测方法.中国麻业科学,2015,37(3):135-137.

[9] 沈成, 陈巧敏, 李显旺, 等. Design and Test of 4LMZ – 160 Ramie Harvester. 国际农业与生物系统工程学会第十八次世界大会论文集, 2014.

[10] 文开源, 蒋敏, 郁崇文. 苎麻精干麻测试的制样机设计. 中国纤检, 2013 (13): 68 – 71.

[11] 熊常财, 李显旺, 汪红武, 陈柳翠, 沈成. 4LMZ – 160 苎麻收割机与农艺结合的探讨. 中国麻业科学, 2014, 36 (2): 82 – 84.

[12] 赵静然, 郁崇文. 用 WIRA 气流仪测试苎麻纤维细度. 纺织学报, 2012, 33 (7): 15 – 18.

5. 加工

[1] Ding R Y, Zhang X Q, Yu C W. Optimization of enzyme mixture degumming of ramie fiber. Journal of Natural Fibers, 2014, 11 (1): 13 – 24.

[2] Ding R Y, Zhang X Q, Yu C W. Optimizing for *Bacillus cereus* DA3 scouring of flax roving. Journal of the Textile Institute, 2014, 105 (1): 20 – 28.

[3] Dong Z G, Ding R Y, Zheng L, Yu C W. Biological scouring of flax rove with alkalophilic strains. Journal of Natural Fibers, 2014, 11 (3): 256 – 267.

[4] Duan S W, Liu Z C, Feng X Y, Zheng K, Cheng L F, Zheng X. Diversity and characterization of ramie – degumming strains. Scientia Agricola, 2012, 69 (2): 119 – 125.

[5] Fu J J, Muller H, de Castro J V Jr, Yu C, Cavaco – Paulo A, Guebitz G M, Nyanhongo G S J. Changes in the bacterial community structure and diversity during bamboo retting. Biotechnology Journal, 2011, 6 (10): 1 262 – 1 271.

[6] Fu J J, Zhang X Q, Yu C W, Guebitz G M, Cavaco – Paulo A. Bioprocessing of Bamboo Materials. Fibres & Textiles in Eastern Europe, 2012, 90 (1): 13 – 19.

[7] Gao X Y, Yang J P, Yu C W. Analysis of the effect of the ramie fiber properties on the yarn quality by neural network. 7th International Conference on Computer Science & Education (ICCSE 2012), Melbourne, Australia, 2012, 433 – 437.

[8] Ji X L, Wu S J, Yu C W. Analysis of ramie fiber length changes during the stretch – breaking process. Journal of the Textile Institute, 2012, 103 (1): 99 – 105.

[9] Li Z F, Liu G L, Yu C W. A new treatment method of pineapple leaf fiber for textile use. Advanced Materials Research, 2011, 306 – 307: 1 516 – 1 519.

[10] Li Z L, Meng C R, Yu C W. Analysis of oxidized cellulose introduced into ramie fiber by oxidation degumming. Textile Research Journal, 2015, 85 (20): 2 125 – 2

135.

[11] Li Z L, Yu C W. Effect of peroxide and softness modification on properties of ramie fiber. Fibers and Polymers, 2014, 15 (10): 2 105 – 2 111.

[12] Li Z L, Yu C W. The effect of oxidation – reduction potential on the degumming of ramie fibers with hydrogen peroxide. Journal of the Textile Institute, 2014, 106 (11): 1 – 11.

[13] Liu G L, Cui Q L, Yu C W. The application of peracetic acid and sodium percarbonate in green production processing of ramie. Advanced Materials Research, 2011, 183 – 185: 1 423 – 1 427.

[14] Liu G L, Li Z F, Ding R Y, Yu C W. The application of peroxide in the degumming process of ramie. Advanced Materials Research, 2011, 306 – 307: 1 580 – 1 584.

[15] Liu Z C, Dai X Y, Zhang J Z, Xu J F, Duan S W, Zheng K, Feng X Y, Cheng L F, Shi J. Screening of a xylanase high – producing strain and its rapid separation and purification. Annals of Microbiology, 2011, 61 (4): 901 – 906.

[16] Liu Z C, Duan S W, Sun Q X, Peng Y D, Feng X Y, Zheng K, Hu Z X, Zhang Y X. A rapid process of ramie bio – degumming by *Pectobacterium* sp. CXJZU – 120. Textile Research Journal, 2012, 82 (15): 1 553 – 1 559.

[17] Liu Z C, Xu J F, Duan S W, Zhang J Z, Zheng K, Feng X F, Cheng L F. Expression of modified *xyn*A gene fragments from *Bacillus subtilis* BE – 91. Annals of Microbiology, 2014, 64 (1): 139 – 145.

[18] Pei Z G, Chen G, Yang J P, Yu C W. Computer simulation of the dynamics of the ramie yarn hair in the hairiness – reducing nozzle. 7th International Conference on Computer Science & Education (ICCSE 2012), Melbourne, Australia, 2012, 970 – 973.

[19] Kipriotis E, Heping X, Vafeiadakis T, Kiprioti M., Alexopoulou E. Ramie and kenaf as feed crops. Industrial Crops & Products, 2015, 68: 126 – 130.

[20] 蔡侠, 熊和平, 严理, 李智敏, 朱作华, 唐守伟, 彭源德. 大麻微生物 – 蒸汽爆破联合脱胶技术. 纺织学报, 2011, 32 (7): 75 – 79.

[21] 曾日秋, 洪建基, 姚运法, 周龙生. 红麻秆配制的基质对白掌生长的影响. 热带农业科学, 2013, 33 (5): 1 – 2, 7.

[22] 陈富成, 祁建民, 徐建堂, 陈涛, 陶爱芬, 林培清, 陈美霞, 郭英, 李华丽.

圆果种黄麻功能叶总蛋白提取方法及双向电泳体系的优化. 作物学报, 2011, 37 (2): 369-373.

[23] 陈杰博, 苏金为, 祁建民, 陈新香, 陈亮. 纳米固体碱$CaO-ZrO_2$催化红麻籽油制备生物柴油. 应用化学, 2011, 28 (3): 267-271.

[24] 陈璇, 杨明, 郭鸿彦. 大麻植物中大麻素成分研究进展. 植物学报, 2011, 46 (2): 197-205.

[25] 成莉凤, 冯湘沅, 段盛文, 郑科, 刘正初. 来源于欧文氏杆菌CXJZ95-198的β-甘露聚糖酶基因高效表达体系构建. 中国农学通报, 2015, 31 (10): 240-245.

[26] 成莉凤, 冯湘沅, 刘正初, 段盛文, 郑科, 郑霞. 草本纤维生物提取菌株产果胶酶的组分研究. 中国麻业科学, 2014, 36 (5): 238-242.

[27] 成莉凤, 李琦, 刘正初, 段盛文, 冯湘沅, 郑科, 郑霞, 程毅. DCE-01菌株果胶酯酶基因克隆与表达. 食品工业科技, 2013, 34 (15): 162-165.

[28] 成莉凤, 刘正初, 段盛文, 冯湘沅, 郑科, 郑霞, 程毅. 麻类脱胶高效菌株果胶裂解酶基因克隆与表达. 微生物学通报, 2013, 40 (8): 1403-1413.

[29] 成莉凤, 刘正初, 段盛文, 冯湘沅, 郑科, 郑霞, 程毅. 一种果胶裂解酶基因（pel）表达体系构建及其表达产物的酶学性质. 农业生物技术学报, 2013, 21 (5): 546-553.

[30] 成莉凤, 刘正初, 冯湘沅, 段盛文, 郑科, 李琦. 草本纤维生物提取菌株分泌的关键酶研究. 中国农学通报, 2014, 30 (30): 255-258.

[31] 董政娥, 陈惠兰, 郁崇文. 黄麻改性研究现状及前沿探讨. 东华大学学报: 自然科学版, 2011, 37 (2): 146-152.

[32] 段盛文, 刘正初, 郑科, 冯湘沅, 成莉凤, 郑霞. *Sphingobacterium bambusaue* 及其紫外诱变菌株的石油降解功能. 微生物学通报, 2013, 40 (12): 2336-2341.

[33] 段盛文, 刘正初, 郑科, 冯湘沅, 成莉凤, 郑霞. 从富集液中发掘麻类脱胶果胶酶基因的技术. 中国生物工程杂志, 2014, 34 (1): 86-89.

[34] 冯湘沅, 刘正初, 段盛文, 成莉凤, 郑科, 郑霞, 高海有. 高效菌株CXJZU-120与T66的苎麻脱胶性能. 纺织学报, 2011, 32 (12): 76-80.

[35] 傅佳佳, CAVACO-PAULO Artur, 郭琪, 郁崇文. 沤竹产物的性能表征. 东华大学学报: 自然科学版, 2011, 37 (3): 286-292.

[36] 高海有, 刘正初, 段盛文, 成莉凤, 石岩, 冯湘沅, 郑霞, 郑科, 宋志姣.

β-甘露聚糖酶和木聚糖酶基因在大肠杆菌中共表达．微生物学通报，2012，39（3）：344-352．

[37] 高晓艳，郁崇文．苎麻纤维性能与成纱质量的人工神经网络分析．中国麻业科学，2012，34（4）：184-189

[38] 关赛鹏，杨陆燕，郁崇文．牵切技术对苎麻常规纺纱质量的影响．中国麻业科学，2014，37（2）：106-110．

[39] 郭婷，佘玮，肖呈祥，曹诣，赵丹博，崔国贤．饲用苎麻研究进展．作物研究，2012，26（6）：730-733．

[40] 黄晶，李兴高，刘秀梅，郁崇文．苎麻牵切纺纱与常规纺纱质量对比．中国麻业科学，2011，33（4）：210-213．

[41] 金关荣，徐绍才，茅国夫，王军伟，陈常理，骆霞虹，朱关林，张加强．麻纤维膜在机插早稻硬盘育秧中的应用效果．浙江农业学报，2013，25（3）：431-434．

[42] 黎征帆，杨建平，郁崇文．多糖组分对苎麻纤维性能的影响．东华大学学报：自然科学版，2014，40（3）：266-269．

[43] 李智敏，胡镇修，朱作华，严理，彭源德．利用苎麻副产品栽培刺芹侧耳技术初步研究．食用菌学报，2012，19（3）：49-53．

[44] 刘海龙，王世发，周玉萍，牛海龙，刘淑莲，潘亚丽，孙晓平，徐迟．通径分析在油纤兼用亚麻产量分析中的应用．安徽农业科学，2012，40（11）：6 416-6 417，6 419．

[45] 刘红梅，陈文化，陈美华，杨瑞芳，崔国贤．植物纤维资源利用现状与展望．湖南农业科学，2012（10）：21-23．

[46] 刘正初．生物制剂在草本纤维质农产品加工业中的应用进展．中国农业科技导报，2013，15（5）：17-23．

[47] 罗卫，谢纯良，严理，朱作华，李智敏，胡镇修，彭源德．两种方式提取杏鲍菇菌丝胞外酶的比较分析．湖北农业科学，2015，54（2）：427-430．

[48] 罗玉芳，祁建民，甘纯玑，林东霞．红麻花黄色素的提取及稳定性研究．中国麻业科学，2011，33（5）：252-257．

[49] 罗玉芳，祁建民，叶芳．红麻花甲醇可溶性色素TLC分离与成分鉴定．江西农业大学学报，2012，34（4）：814-817．

[50] 彭源德，朱作华，刘正初，段盛文，李智敏，严理，覃连成，危杰中．酵母发酵虎杖提取白藜芦醇技术初步研究．湖北农业科学，2011，50（32）：4 929-

4 931.

[51] 邱财生, 郭媛, 龙松华, 邓欣, 王玉富. 亚麻籽的营养及开发研究进展. 食品研究与开发, 2014, 35 (17): 122-126.

[52] 阮奇城, 祁建民, 胡开辉, 曹秀华, 林国荣, 王典. 红麻秸秆发酵转化燃料乙醇. 福建农林大学学报: 自然科学版, 2012, 41 (1): 78-82.

[53] 阮奇城, 祁建民, 胡开辉, 方平平, 林海红, 徐建堂, 陶爱芬, 林国龙, 易利福. 白腐真菌 Pleurotus sajor-caju 预处理对红麻秸秆发酵乙醇的影响. 生物工程学报, 2011, 27 (10): 1 464-1 471.

[54] 阮奇城, 祁建民, 胡开辉, 方平平, 徐建堂, 陶爱芬, 林海红, 林国龙. 红麻秸秆高效预处理方法的选择. 中国农学通报, 2011, 27 (15): 112-116.

[55] 尚瑞广, 王朝云, 易永健, 谭石林, 汪洪鹰, 李懋, 周晚来. 麻地膜覆盖保温特性及对白菜生长和产量的影响. 中国农学通报, 2012, 28 (16): 255-260.

[56] 谭石勇, 易永健, 汪洪鹰, 周晚来, 谭志坚, 刘潜, 王朝云. 苎麻促生菌的筛选、鉴定及其促生效应. 微生物学通报, 2015, 42 (3): 525-533.

[57] 谭志坚, 王朝云, 易永健, 汪洪鹰, 李懋, 周晚来, 谭石勇. 可生物降解材料及其在农业生产中的应用. 塑料科技, 2014, 42 (2): 83-89.

[58] 田喆, 郁崇文. 苎麻织物刺氧感的评价及影响因素探讨. 中国麻业科学, 2012, 34 (5): 230-236.

[59] 庹年初, 李莉, 吴胜强, 许利凡, 王延周, 张陈川, 彭长庆, 胡维军, 邓立新. 苎麻副产物饲喂夏南牛试验初报. 中国麻业科学, 2014, 36 (2): 85-88.

[60] 汪洪鹰, 易永健, 石磊, 聂兆君, 李懋, 谭石林, 王朝云. 塑料大棚内麻地膜覆盖草莓效应的初步研究. 中国农学通报, 2011, 27 (8): 226-229.

[61] 汪洪鹰, 周晚来, 易永健, 李懋, 王朝云. 麻地膜拉伸性能测试分析. 上海纺织科技, 2013, 41 (12): 50-52.

[62] 王朝云, 易永健, 周晚来, 程建平, 赵锋, 李懋, 汪洪鹰. 秧盘垫铺麻育秧膜对水稻机插秧苗根系发育及产量的影响. 中国农机化学报, 2013, 34 (6): 84-88.

[63] 王朝云, 易永健, 周晚来, 李懋, 汪洪鹰. 麻基膜水稻机插育秧研究初报. 中国麻业科学, 2013, 35 (1): 19-21.

[64] 肖呈祥, 崔国贤, 孙敬钊, 曹诣, 张小龙, 白玉超. 苎麻属植物黄酮类化合

物研究进展. 作物研究, 2014, 28（3）: 324-327.

[65] 谢纯良, 严理, 朱作华, 李智敏, 胡镇修, 彭源德. 红麻副产物栽培刺芹侧耳技术研究. 中国食用菌, 2013, 32（6）: 21-24.

[66] 谢纯良, 严理, 朱作华, 李智敏, 胡镇修, 彭源德. 利用苎麻麻蔸栽培刺芹侧耳技术研究. 食用菌学报, 2014, 21（4）: 31-34.

[67] 谢纯良, 严理, 朱作华, 李智敏, 胡镇修, 彭源德. 青贮苎麻副产物栽培刺芹侧耳技术研究. 湖南农业大学学报: 自然科学版, 2013, 39（5）: 510-513.

[68] 熊常财, 李景柱, 汪红武, 余安安, 李新, 汤涤洛. 早稻可降解麻地膜育秧机插技术试验与示范. 湖北农业科学, 2013, 53（13）: 2 994-2 996.

[69] 熊常财, 涂修亮, 汪红武, 李景柱, 汤涤洛, 余安安, 陈柳翠. 早稻麻地膜垫盘育秧对机插质量及产量的影响（英文）. Agricultural Science &Technology, 2013, 14（11）: 1 559-1 562.

[70] 熊常财, 熊安全. 可降解麻地膜在水稻机插育秧盘上应用效果好. 中国麻业科学, 2012, 34（2）: 100.

[71] 严理, 谢纯良, 朱作华, 李智敏, 胡镇修, 彭源德. 红麻副产物栽培金针菇技术研究. 湖南农业大学学报: 自然科学版, 2013, 39（5）: 514-518.

[72] 严理, 谢纯良, 朱作华, 李智敏, 胡镇修, 彭源德. 菌渣代料栽培刺芹侧耳技术研究. 湖南农业大学学报: 自然科学版, 2015, 41（2）: 156-160.

[73] 杨阳, 张云云, 苏文君, 杨明, 郭鸿彦, 刘飞虎. 工业大麻纤维特性与开发利用. 中国麻业科学, 2012, 34（5）: 237-240.

[74] 杨媛茹, 王朝云, 易永健, 周晚来, 汪洪鹰. 大棚内麻地膜覆盖对辣椒生长和产量的影响. 中国农学通报, 2014, 30（16）: 203-206.

[75] 姚运法, 刘巧芳, 池仁漫, 曹利瑞, 洪建基, 祁建民. 菜用黄麻叶绿素的提取工艺. 福建农林大学学报: 自然科学版, 2012, 41（2）: 203-207.

[76] 张含飞, 张元明, 郁崇文, 李兴高. 苎麻生物脱胶精干麻的纺纱性能研究. 上海纺织科技, 2011, 39（3）: 24-26.

[77] 张林彦, 敖利民, 郁崇文. 基于布面毛羽特征参数测试的织物抗起毛性客观评价. 纺织学报, 2013, 34（4）: 57-63.

[78] 张云云, 苏文君, 杨阳, 郭鸿彦, 杨明, 刘飞虎. 工业大麻种子的营养特性与保健品开发. 作物研究, 2012, 26（6）: 734-736.

[79] 赵宇, Anovar, 郁崇文. 不同纤维原料针刺鞋垫的性能研究. 产业用纺织品,

2013, 31 (7): 26 - 29.

[80] 郑科, 段盛文, 刘正初, 冯湘沅, 成莉凤, 郑霞. 胡萝卜软腐欧文氏菌 CXJ-ZU-120 的选育及其脱胶性能研究. 中国农业科技导报, 2011, 13 (6): 72 - 77.

[81] 郑科, 刘正初, 段盛文, 成莉凤, 郑霞, 冯湘沅. 果胶酶在麻类脱胶中的应用及其作用机理. 生物技术进展, 2012, 2 (6): 404 - 410.

[82] 郑磊, 丁若垚, 董政娥, 郁崇文. 亚麻粗纱的细菌煮练初探. 东华大学学报: 自然科学版, 2012, 38 (4): 396 - 400.

[83] 郑磊, 丁若垚, 郁崇文. 脱胶细菌在亚麻粗纱煮练中的初步应用. 纺织学报, 2012, 33 (8): 66 - 70.

[84] 周菲菲, 郝再彬, 易克贤, 郑金龙, 王秀丽. 剑麻总皂苷高产菌的筛选及发酵条件的优化. 湖北农业科学, 2014, 53 (8): 1 863 - 1 866, 1 911.

[85] 朱涛涛, 喻春明, 王延周, 陈继康, 熊和平, 陈平, 谭龙涛, 卢凌霄, 郑建树. "中苎1号"和"中苎2号"苎麻营养价值的初步评价. 中国麻业科学, 2014, 36 (3): 113 - 121.

[86] 朱作华, 蔡侠, 严理, 胡镇修, 李智敏, 彭源德. 化学预处理对芦苇酶解糖化的影响. 中国麻业科学, 2012, 34 (6): 278 - 283.

[87] 朱作华, 蔡霞, 严理, 胡镇修, 李智敏, 彭源德. 蒸汽爆破预处理对芦苇酶解糖化的影响. 中国酿造, 2013, 32 (9): 71 - 74.

6. 产业发展与建议

[1] 陈继康. 我国苎麻生产的问题与发展建议. 中国麻业科学, 2012, 34 (1): 34 - 37.

[2] 郭丽, 王明泽, 王殿奎, 李泽宇, 车野, 张海军. 工业大麻综合利用研究进展与前景展望. 黑龙江农业科学, 2014 (8): 132 - 134.

[3] 黄其椿, 李初英, 赵艳红, 赵洪涛, 刘吉敏, 周瑞阳. 广西麻类产业现状及发展前景. 中国麻业科学, 2011, 33 (4): 202 - 205, 214.

[4] 孙涛, 李树忠, 白秀兰, 王咏梅, 谢莲, 李胤, 朱二, 石永进, 高贵林. 以科技创新推动工业大麻产业的发展. 云南农业, 2013 (10): 54 - 55.

[5] 孙涛, 李树忠. 西双版纳州工业大麻产业发展现状及对策. 云南农业科技, 2012 (S2): 83 - 84.

[6] 谭龙涛, 喻春明, 陈平, 王延周, 陈继康, 温岚, 熊和平. 麻类作物多用途研究现状与发展趋势. 中国麻业科学, 2012, 34 (2): 94 - 99.

[7] 王玉富,邱财生,龙松华,邓欣,郭媛.亚麻的经济价值及开发利用前景.江西农业学报,2011,23(9):66-68.

[8] 王玉富,邱财生,龙松华,郭媛,邓欣,郝冬梅.中国纤维亚麻生产现状与研究进展及建议.中国麻业科学,2013,35(4):214-218.

[9] 吴广文.促进黑龙江省亚麻产业发展的思路.中国麻业科学,2014,36(1):51-54.

[10] 吴广文.黑龙江省亚麻发展的历史及现状.农业科技通讯,2014(3):4-6.

[11] 熊常财,汪红武,李景柱,汤涤洛.咸宁苎麻产业发展的优势与对策.湖北农业科学,2014,53(18):4510-4513.

[12] 姚玉波,吴广文,黄文功,关凤芝.浅析黑龙江省亚麻耕作栽培技术的发展.黑龙江农业科学,2014(4):147-149.

[13] 袁红梅,吴建忠,黄文功,宋喜霞,于莹,程莉莉,康庆华,姚玉波,赵东升,刘岩,姜卫东,吴广文,关凤芝.亚麻多用途产品的开发与利用.国土与自然资源研究,2014(1):95-96.

[14] 张庆滢,郭鸿彦,杨明.加拿大工业大麻生产贸易概况及科研进展.中国麻业科学,2011,33(6):302-306.

[15] 赵洪涛,李初英,黄其椿,赵艳红.苎麻多用途研究进展及广西苎麻产业发展方向.中国麻业科学,2014,36(2):105-109,110.

[16] 朱爱国,余永廷,陈权,文少玻,毛虎龙.洞庭湖区苎麻产业发展现状与建议.中国麻业科学,2013,35(6):324-328.